减 心 减 念

有 / 佛 / 的 / 智 / 慧 / 人 / 生

魏承思

著

世纪文景
Century Literature

世纪出版集团 上海人民出版社

目 ○ 录 Contents

序

南怀瑾

我自 1988 年由美国首返中国,寄迹香江,旋因香港佛教图书馆何泽霖居士之恳邀,初在佛教图书馆对内部少数人士开讲《解深密经》"奢摩他及毗钵舍那"两品。嗣后因人介绍,得见魏承思,是时彼方适任《明报》主笔,英姿焕发,谈笑风生,似有南宋儒者吕东莱论议之慨,并具陈同甫豪迈之气。但因初识,惜其未纯而不敢言。人有告我,承思耽酒,且于酒酣耳热之余,肆酒骂座,口无遮拦,故人多忌之。而我平生爱才成癖,笑谓古人有言:由来名士多耽酒,未有神仙不读书。当时实也不知承思潜修佛学,且常为人捉刀代笔,而人所不知。

此后,承思每于工余之暇,常有往来,并为晚餐座上之客,渐受我等喜于禅坐之习染,我也等视其为一般时髦学佛者之酬应,其未必真有佛法修证之诚也。旋而渐知,承思乃书香后裔,其兄也深涉佛教,并茹素念佛,不染尘扰,实感大奇!岂魏氏兄弟犹如世亲、无著昆仲之遗风乎?

去岁,我约承思来太湖大学堂任职,共襄宏扬中国文化事业。不料承思于朝晚之际,每进禅堂与众共修禅寂,似非偶然戏论之行,心实异之。2009 年春间,承思忽以其所著《一般知识分子看佛教》之书稿示我,请予鉴证。初我接稿之时,意谓其年过知命,当其少壮之时,则为"浮沉宦海如鸥鸟",而其仍然有"生死书虫如蠹鱼"之癖,此着应如一般泛知佛学者之自我抒情之作乎？后经开阅，方知其有翻悟佛法重在真修实证之旨，甚为助喜。承思乃浙人，今有如此发心，其犹如洞山良价禅师之诗谓"净洗浓妆为阿谁，子规声里劝人归。百花落尽啼未尽，更向乱峰深处啼"之意乎？

　　我自憾平生不文，每有舒铁云诗云"平生耻作公家语，但为花神撰寿言"之感。然今则特为承思写此小序，并为其题写书名，以志此时此事之因缘也。

即 2009 年 6 月下旬岁次己丑夏至

南怀瑾

时年 92 岁

人间佛教（自序）

魏承思

　　一般受过高等教育的知识分子，往往把佛教看成宗教迷信。一方面，因为现代教育都跳不出西方科学主义的框架，只要与其知识背景不同的思想文化都被一概视作迷信。另一方面，现今大多数人接触到的佛教信徒，无论出家在家，都对佛理不甚了了，耽于烧香祈福，令佛教失去真理的光芒，只剩下崇拜的躯壳。于是不少知识分子不愿意放下成见，亲自去认识佛教的本来面目。

　　其实，佛教并不膜拜偶像，而是真正虔诚地礼佛。礼佛是学习佛的光明智慧，虽然佛教徒也拜佛像，但拜的不是像而是佛。所以有没有佛像并不重要，在没有佛像下礼佛也一样虔诚。这就是所谓的"无相"。佛不是在帮助一个人长生不老，而是要他看出生命的真实现象，发现它的圆满意义。佛也不教人变贫为富，或化逆为顺，而是教人面对厄运时如何超脱，陷入困境时如何自处。当然也启发我们在顺境中，应当如何作有智慧的回应。我们无法用自己的财富和地位来解决心中存在的苦厄。许多人在烦恼痛苦中挣扎，并不是没有金钱和权势，而是它们根本就派不上用场。解决心理问题必须从心中发现希望，才能挣脱泥沼。

　　佛教是什么？首先我们不要混淆佛法、佛教和佛学这三个不同的概念。佛法是指佛陀揭示的宇宙生命之真谛，这一真谛不仅是佛说的道理，还包括亲身验证的方法。佛法是本来就存在的，不是什么人发明的，佛陀则是在我们这个世界发现这一真谛的第一人。佛教则是指追求佛法的一种实践活动，包括对佛法、佛和僧的信仰。如果我们对宗教的定义是一种信仰，那么佛教确实是宗教，因为它绝对不排除信仰，不排除因揭露内在真理所产生的不可动摇的信心。但如果我们对宗教的定义是盲目地信仰一种教义，不需要自己重新发觉教义中的真理，那佛教又不是一种宗教。当信仰离开理性、背叛理性时，就变成迷信。但当信仰与理性结合的时候，就能够防止理性变成一种纯粹知识性的游戏。佛教可以说是信仰和理性的完美结合。佛学仅仅是一门研究佛教理论、历史和文化现象的学问。研究佛学的学者不一定信佛。

佛教是一个历史范畴，从印度原始佛教到中国化的佛教禅宗，它本身经历的演变发展是显而易见的。在这样一个漫长的过程中，佛教吸收各个历史时期人类思想文化的精华。佛教起源于公元前6世纪的印度次大陆，它对古代印度文化既是一次重大变革，又是一次系统总结，从而成为古代印度文化的代表。释迦牟尼对当时流行于印度社会的婆罗门教和各派沙门思潮进行了分析、批判、摄取、改造和创新，在此基础上创立了佛教。他是当时印度社会一切宗教、思想和文化的集大成者。佛教以"四谛"等三十七菩提道品学说为中心，包括"八正道"、"十二因缘"、"五蕴"等理论，并由此形成大、小乘。在释迦牟尼之后，印度佛教学者马鸣、龙树、无著、世亲等又提出"中观"、"唯识"、"真空妙有"等学说，丰富和发展了佛教哲学。佛教哲学蕴藏着极深的智慧。恩格斯在《自然辩证法》一书中也称誉佛教徒处在人类辩证思维的较高发展阶段上。佛教不但形成了一套完整繁复的哲学体系，而且形成了主张平等、慈悲的道德伦理规范，形成了灿烂辉煌的佛教艺术和十分独特的生活方式。在一个相当长的历史阶段内，佛教文化几乎涵盖了整个印度社会生活。古代印度文化诸领域，例如哲学、逻辑学、医学、文学艺术以及科学技术等方面都与佛教相联系，并且从属于佛教文化系统,构成了佛教的"五明"之学。可以说,没有佛教文化,也就没有印度次大陆古代文明的辉煌巅峰。

公元前 2 世纪末,横贯中亚细亚的交通路线开辟以后,印度文化和中国文化这两种相隔离的东方文化开始交流。佛教从印度传到西域。西汉末年,又随着丝绸之路上的骆驼商队缓缓地踏上了古老的中国大地。从此,它在异质文化圈的中国开始传播开来。佛教推动中国古典哲学提出新的命题和新的方法,从而扩大了范围,丰富了内容。它以独特的思维方式给予人们新的启发,使人们得以解放思想,摆脱旧的儒学教条。佛教还为中国文学带来了新的意境,新的文体,新的命意遣词方法,中国古代许多小说、戏剧、诗歌、散文都可以从佛教里找到渊源关系。佛教还丰富了中国人的语言,输入了大量的新词汇、新语法,扩大了汉语词汇,有的还成为日常流行的用语。自公元 148 年安世高东来译经引起,260 年朱士行西行求经,至公元 1175 年朱熹、陆象山鹅湖之会,这一千余年间是中国文化的灿烂辉煌时期。在这一时期中,佛教成为中国文化主流之一。可以说,没有佛教,也就没有魏晋六朝以来异彩缤纷的中国古代文明。

佛教有一个庞大的思想体系,它反映了人类对生活的体验、理解和愿望。人生是有限的,物质是会改变的,如何在有限的人生中,获得永恒的幸福呢? 这种永恒的幸福不能从物质世界获得,而只能从精神世界寻觅,因为唯有精神是无限的。人对无限的要求,不只是存在于一种虚无缥缈、捉摸不定的幻象里,而是要掌握一种实在的、具体的精神体。这种精神体必须具备人所具有的一切意志和人格。这种精神体的无限本质可以满足人的超越性,满足人对永恒幸福的渴望。宗教就是这样一种精神体。宗教是超越现实世界的,可以满足人类超越自我、追求永恒圆满、至真、至善、至美的心理需求。因此,人的超越性也就是人的宗教精神。对于人类超越自我的心理需求,每一种宗教莫不因其本身的传统而有不同的说法:西方的基督徒称之为渴慕天堂,为了神爱而舍弃自我,舍弃这个世界;东方的佛教徒称之为解脱生死流转。不同宗教超越自我的途径也是不同的；基督教主张依靠上帝的拯救实现这种超越性；佛教却没有这个"拯救者"概念，它教人自尊自信，依靠自己的力量从生死痛苦中解脱出来。佛教认为，所有众生都拥有成佛的潜力。换言之，就是拥有达到完美的解脱和智慧的潜力。所有掩盖这种潜力，同时阻止它自然显现的事物都只是短暂而不具有实体的。佛教把掩盖这种潜力的污垢称之为"无明"。学佛的心灵道路就是要让自己除去无明，实现我们本来就拥有的完美。

在现代社会，人们依然需要佛教。据粗略统计，目前全世界有佛教徒7亿多，占世界总人口的11%。成立于1950年的"世界佛教徒联谊会"包括了32个国家与地区的98个组织。佛教不但在中国、日本和东南亚各国拥有广泛的信徒，而且在欧美地区也得到急速发展。据1982年《世界基督教百科全书》的统计，欧洲有佛教徒21万余人，北美约近19万人，南美有50万余人。在20世纪80年代，欧美的佛教徒急剧增长。据近期美国《国家地理杂志》报道，在美国各个宗教中，佛教信众是增长最迅速的。全美佛教徒人数已达400万，占人口的1.5%，各种佛教社团近两千个。欧洲的情况也大致如此。特别是在欧美各国，佛教禅宗和藏传佛教变得十分风靡，几乎达到一种狂热崇拜的程度。许多杰出的科学家、艺术家以及心理学家都成为禅宗或密宗的热情崇拜者。

现代人需要佛教，是因为我们身处的这个世界越来越复杂，越来越拥挤，现代文明给我们带来的烦恼，人与人之间、人与自然之间的摩擦冲突几乎无时无刻都在所难免。现代社会在物质与精神、科学与人文、竞争与和谐的关系上出现了明显的失衡状态。佛教可以为人类矫正这种文明失衡提供助力。佛教在解决人生问题上有许多思想宝藏，如果能把这些被神学色彩淹没的思想宝藏重新发掘出来，将使我们真正认识人生的意义，增进我们的人生修养，改变我们的人生态度。

重物质，轻精神，乃是现代文明的第一大失衡。在现代社会，人们的物质生活愈益富足，在心灵上却愈益贫乏。人类变得愈来愈被物质所羁绊。现代人以为，人生的目标只是完美的物质，以及取得这些物质的知识和能力。他们逐渐把自己变成了物，生命成了物的附属品。物化的生活严重地折磨现代人的精神。人们变得贪得无厌，不停地向外追寻物质享受，想要这个，想要那个，永无满足的时候。有了彩电，要冰箱；有了冰箱，要空调；有了空调，要汽车；有了汽车，又要别墅，总想统统弄到手才好。现代人生活的节奏越来越快，人们整天为获得更多更好的物质而忙碌，自己则迷失在忙碌之中。生活缺乏创意，心灵失去自由。人们与自然疏离，与家庭疏离，与社会疏离，乃至与自己疏离。割断了与精神家园的古老联系，无"家"可归已成了时代的标志。看上去每天都在忙忙碌碌，夜深人静时却觉得怅然若失。精神上的空虚、焦虑、烦躁、困惑、孤独和绝望远远超过以往任何一个时代。他们常常发出"什么都没有意思"，"人生是什么呀"，"人世如同地狱"，"我该怎么办呀"等感慨和疑问。许多人为了避免这种空虚和孤寂，或者整晚打麻将，或者置身灯红酒绿，或者一头栽进电视和网络。吸毒、自杀、性犯罪等社会问题以及忧郁症、狂躁症等精神病症泛滥成灾。这一切都证明：物质生活的富裕并不能使人们满足和快乐。人们不但需要物质生活，同样也需要精神生活。佛教以"无常"、"无我"理论否定了人们对物质的执著追求，认为所有的物质存在都是有限的、虚幻不实的，从而引导人们转而追求内心的自由和宁静。佛教通过戒、定、慧三学帮助人们把自己的心调适得非常安详，希望人类能以至真、至善、至美的心活在这个世界上。在喧嚣嘈杂的现代生活里，佛教为人们提供了一片充满生命之喜悦的"精神家园"。

重科学，轻人文，乃是现代文明的第二大失衡。在现代社会里，科学技术取得了突飞猛进的发展。人类的知识在 19 世纪每五十年翻一番，而在目前，翻一番的时间已经缩短为两三年。"洞中方七日，世上已千年"，过去是神话语言，今天已成为现实。人类今天所掌握的知识约有 90％ 是第二次世界大战后取得的，只有 10％ 是过去几千年积累下来的。科学技术的进步把我们带入现代社会。然而，现代人越来越把科学当作万灵仙丹，陷入绝对科学主义的泥沼。人们认为科学可以解决一切问题，科学可以决定一切问题。人们只相信用具体或数学方式证明的事物，对于人类心灵的作用，则已经鄙弃而不顾了。即使在思想界，实证主义、实用主义相继而起，他们渴望把一切知识都带入数学的领域，因为只有数学的必然性才是绝对的必然性。在逻辑和知识论等领域逐渐以符号和数字来表达那些非具体的概念，将人的观念也套入了公式。在这样一个时代，人的义务和责任似乎只是作为这种公式上的一个数字和符号，人的生命只是成为生产流水线上的一颗螺丝钉。科学如果仅仅只是追求纯粹的知识，完全无视对人、对社会、对人类未来的责任；科学如果仅仅只是追求纯粹的功利，完全不顾由此造成的人情淡漠、社会离异、个人的孤寂感，不顾人类对自然界无限索取引起的报复，那么，从理性出发的科学将会失去理性。科学主义的畸形发展将会把人类推向无底的深渊，人的价值和尊严将会消失在这个深渊之中。

　　人们回过头来看自己，发现科学的发达极其有限，并不能解决一切人生问题。科学基本上是分析式的，容易迷失在现象永无止境的复杂性中。科学涵盖的发现领域之广，深深抓住了现代人中最优秀的头脑，对知识的追求像是一个无穷无尽的淘金热，对人类智慧的追寻却被忽略了。于是，近年来人的问题成为一个十分突出的问题。人的价值和意义是什么？人在茫茫宇宙间处于什么地位？人世间的爱又在哪里？这一系列问题又重新萦绕在人们脑际，每一个人都企望找到答案。在西方，天主教会把现代社会里，诸如战争、环境污染、贫富分化、生活的毫无节制等种种不合理现象归于人们背离宗教道德伦理的缘故。新托马斯主义则进一步把宗教伦理作为一切社会生活的基础。其代表人物马利坦在《天主教与社会进步》中指出："政治生活,经济生活,社会生活本质上依赖于伦理。"在他看来,只要人人都遵守宗教道德准则,人世间就充满了爱,人世间的一切矛盾都将得到最公正的解决。人的尊严和地位才能得到真正的恢复。

但是,随着科学技术的进步,人类眼界的逐渐开阔,对自然、宇宙以及人本身了解的不断增进,"上帝万能"的观念与现代理性精神发生了冲突。人们不再认为地球是宇宙的中心,上帝创造世界、创造人类,上帝什么都能做,什么都可以做。这种倾向用尼采的名言表示出来就是"上帝死了"。然而,人们能够放弃上帝这个"拯救者"的幻像,却不能放弃宗教精神,不能放弃心灵需要。于是,人们依然走进教堂,却又充满疑惑。佛教却没有受到"拯救者"概念的拖累。佛与菩萨是给予众生超凡力量的朋友、亲人和天然保护者。佛和菩萨不会发怒,不审判众生,不会把人打进地狱受苦。如果人会入地狱,那是自己的"业力"送他去的,绝不是佛惩罚他而将他打入地狱的。佛与菩萨不但不会送人进地狱,还要亲自入地狱去普度受苦的众生。佛陀教人自尊自信,依靠自己的力量从生死痛苦中解脱出来,在涅槃寂静之中获得无边的欢乐与永恒的幸福。人们服从于佛的说教,服从于佛教的戒律,并不是服从于一种权力、一种限制,而是服从于自己的本性。佛教作为一种人生宗教,一种人生哲学,具有超乎西方宗教之上的优势,更能契合现代人的精神需要。

重竞争,轻和谐,乃是现代文明的第三大失衡。在现代社会里,把个体的活力、个体的创造性以及个体之间的竞争,作为社会发展的基础。崇尚个性解放、个人奋斗和个人利益至上。把自己的成功建立在打败对方或超越对手上,普遍相信只有这样才能得到别人的尊敬、赞美和肯定。竞争产生对立,忙碌带来紧张,赢得别人的赞美却迷失了自己,结果导致极端利己主义和人际关系的冷漠和隔绝。人类被封闭在"自我"之中，与社会疏离，与人群疏离，甚至与家庭疏离，内心没有一丝温情，哀怨和寂寞的情绪时时汹涌而来。佛教从缘生理论出发，认为"此有则彼有，此生则彼生。此无则彼无，此灭则彼灭"。一切现象的存在，都是由种种条件和合而成的。世间众生相依相存，人也是如此，每个人都要依赖其他人才能存在。社会由无数个人组成，离开个人无所谓社会，而个人离开社会也不能成其为社会的人。个人所造之业产生的力量（即别业）固然能决定他者的命运，但千百万人汇聚起来的"共业"更是一股巨大无比的力量，它推动人生，推动历史与宇宙的流行运转。这种共业所形成的局面即是人类共同遭受的果报，绝非个人之努力所能挽回。所谓天灾人祸，就是这种共业的果报，哪怕佛、菩萨对此也无能为力。因此，要增进人类福祉，不能单独行动，而要全体都行动起来，以普度众生为目标，自利利他，甚至要以他为己，把自己融合在众生的汪洋大海之中。佛教启发人类伟大的同情心，引导人们发扬无私奉献、大慈大悲的菩萨精神。这对增进人与人之间的相互理解、相互友爱、相互帮助、和睦相处，具有积极意义。

在现代社会里，不仅人与人之间竞争，人类还要与自然竞争，企图征服自然。所谓"与天奋斗，其乐无穷；与地奋斗，其乐无穷"。结果导致严重的生态危机，如有毒废物污染了土地、水源及空气；森林被砍伐殆尽，沙漠迅速扩大，动植物品种急剧减少；太阳光辐射穿透稀薄的臭氧层，地球温度不断增高，气候极不稳定，破坏粮食生产，导致大规模饥荒；成千上万人移民到资源丰富的国家和地区，有限的农田要喂饱世界上过多的65亿人口。国家之间为争夺仅存的资源而争战不休，我们的世界失去了和谐，除非改变我们的价值观念与生活方式，否则这个世界就会充塞巨大的毁灭、痛苦、冲突与绝望。佛教从"依正二报"理论出发，认为由业受报有两类：一是作业者自身，为"正报"；二是作业者所生存的环境，为"依报"。"依正不二"，本无二致，人类与自然环境应该是和合共住、唇齿相依的共生关系。人类要有平等心,要尊重"无情识"的自然万物,不可随意摧残、掠夺、破坏自然。人类只有与自然和谐共处,才能保证自身的延续和发展。

许多人会误解佛教,以为佛教是玄虚而渺茫的,不关心现实的人生,只追求后世胜业或生死解脱。其实不然,佛教完全契合现代人的生活需要。释迦牟尼佛降迹人间,生活、修道、成佛均在人间。说法度生,也都以人类为主要对象;所说教理也都以人生现实为依据,以觉悟人群为中心。因此,自从人间有了佛陀和佛陀的教法,佛教就是属于人间的。

这些人所以有这样的误解,大半来自对部分寺庙弊端的印象。有些所谓的佛教徒,不热心弘扬佛陀的根本教义,漠视佛陀伟大崇高的人格,不在自己的人格修养上下功夫,也不愿意以纯洁无瑕的慈善心利益他人;既不研究经律论,也不修习戒定慧,而是只做超度亡魂、磕头祈福之事。近日更有许多道场越来越讲究形式,寺庙一座比一座宏伟华丽。看看那些巍峨的建筑,以及越塑越大的佛像,主张减少欲望的佛寺很多已不幸沦为欲望膨胀的地方。人们如何能在这种地方找到心灵的安宁? 其实,佛陀在世时,大部分时候居无定所,风餐露宿。这些人的行为与佛的言教相违背,是对佛教的玷污。

也有部分误解来自对佛教教理的浅尝辄止,不求甚解。他们以为,佛教说"苦"、说"空",是对人生的绝对否定,是绝对主张逃避现实,超尘出世。其实,佛教对人生既否定又肯定,既主张出世,又主张入世。人生对涅槃境界来说当然是不值得肯定,只有苦没有乐;只有红尘滚滚,没有寂静清凉。但是,人类又有许多优越性。从证悟宇宙生命真谛的角度而言,人生不但比地狱、饿鬼、畜生、阿修罗优越,而且也胜过天界。《大毗婆娑论》说："人有三事胜于诸天：一勇猛；二忆念；三梵修。"天人福报多，故不重视修行，诸天正乐，乐不思"佛"。阿修罗嗔心太重，容易暴怒，妨碍修行。唯有人类苦多乐少，能够知苦、断集、证灭、修道，因此人类最有动力学佛成佛。《阿含经》说："诸佛世间，皆出人间，不在天上成佛也。"释迦牟尼佛、弥勒佛、药师佛在成佛之前，无一不是先降生人间，然后才证得佛果。释迦牟尼佛说："我身生于人间，长于人间，于人间得佛。"他每每赞叹："正法难闻，人身难得。"《梵网经》上说："一失人身万劫不复。"可见佛教对人生是何等重视。

佛教固然认为人生是苦，人生无常，不值得留恋，应该从生死轮回中解脱出来。从这个意义上说，佛教是出世的。但是，按照佛教缘起理论，一切现实存在的东西包括人生在内，都是因缘和合而成，我们不能否定它的存在，只有认识它，转变它，即"转染成净，转凡成圣"，找到生命的落脚点。所谓转染成净，就是说人类的自性即佛性，不是要从外界去找一个叫佛的东西，安放到自己的心里去。只是本来存在的佛性被污染了，只要拭去污染本性的种种烦恼，使它清净透亮，人们就能见到自己的佛性了，也就是觉悟成佛了。这种转染成净的方法，就是一般所说的修持。种种修行方法，诸如戒、定、慧、六度等无不是为了转染成净，见性成佛。释迦牟尼说："随其心净，即佛土净。"中国禅宗六祖慧能说："若欲修持，在家也得，不由在寺，自家修清净，即是西方。"解脱者和凡夫的根本差别，在于是否证悟宇宙生命的真谛。因此，修行重在醒迷启愚，自我求得觉悟，并不一定要独处幽栖，潜形山谷，绝迹人间，杜绝交往。

佛教大乘教派创始人龙树说："涅槃与世间无有少分别，世间与涅槃也无少分别，涅槃之实际，及与世间际，如是二际者，无毫厘差别。"他在《大智度论》里提出，"一切资生事业悉是佛道"。大乘的出世入世平等无差的思想传到中国后，为历代的佛教大师所继承和发扬，其中尤以禅宗最为出色。六祖惠能把大乘"即世而出世"的思想发挥得淋漓尽致。他相信:"佛法在世间,不离世间觉,离世觅菩提,恰似求兔角。"就是说,离开人间,离开社会去求佛法、求解脱,就如同求龟毛、求兔角一般地不可能。另一位禅宗祖师神会也说:"若在世间即有佛,若无世间即无佛。"为什么人不能离开人间,不落因果地去寻求佛法?因为在禅宗和尚们看来,已经觉悟的人和尚未觉悟的平常人一样都是物质性的存在,其差别只在迷悟不同,境界悬殊。作为物质性的存在,不能生活在时间和空间之外,摆脱各种存在的限制,违背各种自然法则。人们只能处在有限的事物之中追求无限的精神超越,只能在吃饭睡觉之类的日常生活之中寻求涅槃之道。有一则禅宗故事说的就是这个道理:有一次,睦州禅师的弟子问他:"道是什么?"禅师回答:"吃饭睡觉。"弟子大惑不解说:"我不了解你的意思。"禅师说:"如果你不了解,你就吃饭睡觉吧!"觉悟者和凡夫俗子都离不开吃饭睡觉,所不同的是,后者吃饭睡觉只是要活下去,却不知活着为什么,人生的意义何在,人生的归宿何在。前者在吃饭睡觉的同时,已经领悟了宇宙人生的真谛,使自己的心灵得到解脱,自由自在,无拘无束。因此,在他们看来,"吃饭睡觉是道","平常心是道","搬柴运水俱是佛法"。离开了尘世,也就无道可求、无法可觅了。佛法在世间,因此人只能即世求出世,即世而出世,入世与出世在这里是浑然一体的。释迦牟尼佛在 31 岁得解脱之后,仍仆仆风尘,济世救人,至死方休。因此,他被佛教徒视为在世超世而入世的楷模。那种悲观厌世、无所作为的遁世思想并不是佛教真正提倡的。相反,佛教主张发扬"不厌世间苦","不羡涅槃乐",只愿众生得离苦的慈悲精神。

　　从"佛法在世间"的观点出发,近代以来,中国佛教界提出了一个"人间佛教"(又称"人生佛教")的概念。人间佛教的特点是重视人生,强调以人为中心。近代高僧太虚和尚对人间佛教作了概括。他把全部佛教的目的与效果分为四个层次,即人间改善,后世胜进,生死解脱,法界圆明。认为这四个层次是全部佛法所包容的目的。其中成就法界圆明的佛果是全部佛法的终极目的，前三层都是达到此目的之途径。从人生改善开始，才能进至于成佛。但是以往佛教厌离现实人生之心切，偏重于求后世胜业或生死解脱。这就如同小学还未学好就想上大学一样，人格未完成，如何痴想成佛？另一位近代高僧印顺和尚说得更明白："人类学佛，只是依于人的立场，善用人的特性，不碍人间正行，而趋于向佛性的完成。"主张发扬佛教切合人生现实的积极进取精神，积极投身改善社会、净化人生的善业，使佛教与世间打成一片。人间佛教实际上是一种以人为中心的人道主义佛教。

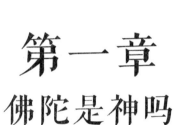

第一章

佛陀是神吗

1. 诞生

如今许多所谓的佛教徒把佛陀当成神，烧香拜佛，求财、求官、求子嗣、求长命百岁，求佛菩萨保佑，消灾避祸，有病的想没病，欠债的想躲债，犯罪的想逃罪。更有许多江湖术士打着佛教的旗号招摇撞骗，或自称得佛真传，或自称菩萨转世，将佛教教义庸俗化和神秘化，开宗立派，广收门徒。我们要辨伪存真，识别何为佛教正法，就必须了解佛教创立和发展的历史。

佛教是世界三大宗教之一，它是公元前 6 世纪时，由释迦牟尼在印度次大陆上创立的。释迦牟尼即我们熟悉的如来佛。其实，他不是神，而是一个有血有肉、有思想有感情的人，是一个人生的求索者。释迦牟尼意即"释迦族的圣人"，这是佛教徒对他的尊称，也常称为"释尊"、"世尊"、"如来"等。他姓乔达摩，名悉达多。创立佛教后，正式被称为"佛陀"。佛陀在古印度语中是"觉悟者"的意思。释迦牟尼是迦毗罗卫国净饭王的儿子。迦毗罗卫国是一个小国，地处今印度与尼泊尔之间。居住在这里的释迦族，是公元前 2 500 年前后从北方来的白肤金发碧眼的雅利安人后裔。当年他们靠着游牧民族的勇猛，征服了印度河流域深肤色的土著居民，吸收了当地人较为发达的农业文明，在这里定居下来，并建立了许多小国。到释迦牟尼生活的时代，印度次大陆的政治中心从印度河流域转移到恒河流域，在那里形成了 16 个强盛的国家，其中最强大的是摩揭陀、拘萨罗和跋耆国。这三国的都城就是后来释迦牟尼传教的主要场所。迦毗罗卫只是拘萨罗的一个附庸国。

当时,良好的气候条件加上铁器的广泛使用,使古印度农业十分发达,西部沿海地区与波斯湾沿岸的接触刺激了有利可图的商业,带动了手工业的发展。伴随物质迅速积累的是社会地位的悬殊分化。雅利安人入侵之初,用以划分雅利安人和非雅利安人的种姓制度,逐渐演变成包括在雅利安人中间区分高低贵贱的四大种姓制度。这种制度把人们严格区分成职业世袭、互不通婚的四个社会等级群体,从高到低,依次是婆罗门、刹帝利、吠舍和首陀罗。此外,还有更低级的,被排斥在四级种姓之外的"贱民",他们是"不可接触的人"。

婆罗门是僧侣贵族,他们是婆罗门教的祭司,掌握着所有众生(包括国王在内)通向天国之门的钥匙。他们解释并维护法律与传统,享有种种特权,是国家精神生活的统治者。婆罗门教是多神教,而又带有一神教的色彩,崇拜各种自然的神祇,盛行祭祀祈祷以招福禳灾。它的经典是形成于公元前 6 世纪到 7 世纪的《奥义书》和《吠陀》。这两部富于想象、充满隐喻的经典正像婆罗门教本身那样难以捉摸,微妙难解,但其中最有影响的观念是生死轮回的宇宙生命观。这种观念认为,一切事物都处在不断的变化转生之中,世界是无常的,又是连续的。"梵"是宇宙的本体,是宇宙的主宰。万事万物都不过是生死轮回过程中的暂时现象。从个人内心观察,"我"是个人的本体和主宰,人的身体由"我"而生,人的活动由"我"而起,外界万物也都因"我"而存在。所以,"我"和"梵"本来不二。现世的"苦"是生死轮回中前一阶段的"业果",而现世的行为又将在下一世中得到"业报"。人们只有经过修行以达到"梵""我"一致的境地,才能摆脱生死轮回的无尽苦海。

婆罗门教一直是古印度各国的正统思想,但到了释迦牟尼时代,也出现了许多反婆罗门教的思想流派,称为"沙门思潮"。"沙门"即出家人的意思。这些人大多舍弃了世俗生活,走进丛林,沉思默想,探索宇宙的奥秘、人生的真谛。他们也经常单独或结伴云游四方，宣传自己的主张，互相之间争辩讨论。根据佛经所说，当时的教派有96种之多，最突出的有六个教派。佛经上称这些教派的创立者为六师。其中一个就是耆那教的始祖尼乾子，其余五人是富兰迦叶、末迦梨、阿耆多、婆鸠多、散若夷。他们有的否认因果关系，有的主张苦行，有的主张纵欲，有的认为人由四大（地、水、火、风四种元素）组合而成，死后四大分散，归于断灭，否认来世。婆罗门教以及各派沙门思潮，都为佛教提供了思想的养料，成为它的部分思想渊源。

刹帝利是国家的世俗统治者，掌握着政治实权，包括国王、官员与武士贵族。婆罗门是他们的精神导师和顾问，他们只有在婆罗门的引导下，才能摆脱生死轮回，达到与梵天的合一，进入极乐世界。他们对婆罗门的优越地位越来越心怀不满。许多沙门思潮的教派暗中受到刹帝利的支持，王公们的杉木大厅里经常传来阵阵喝彩，远方来的沙门正聚集在这里，向婆罗门至高无上的地位发出挑战。

统治各国的刹帝利贵族之间也经常发生战争，强盛的大国不断侵略兼并弱小国家。弱肉强食，狼烟四起，使人民无法安居乐业。吠舍是农民、商人和手工业者。最后是首陀罗，没有任何权利的、被征服的土著居民后裔。古印度《摩奴法典》规定："不应当把任何忠告（自己桌上的）、任何残肴、任何献神的食品给予首陀罗。"杀死婆罗门者要处以极刑，而杀死首陀罗者只要简单地净身一次，就像杀死牲畜后一样。法律严禁首陀罗和别的种姓通婚，否则生下来的孩子就成为"不可接触的人"，地位最为低贱。这种人世世代代操着下贱的职业，如抬死尸、屠宰、当刽子手之类。富有的刹帝利、婆罗门和商人拥有堆积如山的财富，穷人却只有身力不支的劳苦。婆罗门教维护着种姓制度，声称梵从口生出婆罗门，从肩膀生出刹帝利，从腹部生出吠舍，从脚底生出首陀罗，以此定四姓的贵贱，因而种姓制度是神圣不可动摇的。释迦牟尼生活的时代是一个充满动乱的时代,各个阶层的人们都惶惶然,不知何以自保,不仅贫贱者需要寻找精神上的安慰和寄托,富贵者也在探索摆脱困境的道路。

2. 证悟

释迦牟尼,大约生于公元前565年,死于公元前485年。活了80多岁。这一时期正当我国春秋战国时代,大约与孔子同时。他的父亲是迦毗罗卫国的净饭王。母亲名叫摩耶,是同族的天臂国王的大女儿。摩耶夫人怀孕后,按照当时风俗要回到娘家去分娩,在路过蓝毗尼花园时生下悉达多王子。我国汉族地区和日本等国的佛教徒于旧历四月初八举行浴佛节,就是纪念释迦牟尼的诞生日。受南传佛教影响的傣族和东南亚地区佛教徒则把佛诞日定在清明节后十天,并且发展为"泼水节"的传统节日。悉达多王子诞生后的第七天,摩耶夫人因得了产褥热而去世。王子便由姨母波阇波提夫人抚养长大,她也是净饭王的妻子。传说悉达多王子生下后不久,便有一位神秘的苦行僧——先知阿氏多来到了王宫,预言他将"登上智慧之船,拯救整个世界",并为自己不能生闻其教而热泪滚滚。净饭王不希望他成为教主,而愿意他成为一个统一天下的转轮王。国王请来专门的学者教他学习文学、哲学、算学,让他受到当时贵族青年所能受到的最好的教育。悉达多王子不但知识渊博,而且武艺超群,是一个骑射击剑的能手。他生活于深宫之中,享尽了奢侈豪华。19岁时,净饭王为他娶了邻国的公主耶输陀为妻,他们生了一个儿子叫罗睺罗。奢侈淫逸的生活逐渐使悉达多感到厌倦,他的内心充满了空虚,便驾着马车出游散心。

第一次外出,悉达多看到一个老态龙钟、步履艰难的老人。他拄着木棍,每迈一步都非常费力。他那皮包骨头的下颚低垂着,露出光秃秃的牙床。眼睛里布满了血丝,虚弱而痛苦地喘着气,神情呆滞麻木。在这以前，悉达多还来不知道什么是老。于是车夫告诉他："衰老是人人共有的命运，每个在大地上出生的人都逃脱不了。这个气息奄奄的老人，曾经是他母亲怀里的婴儿，然后是欢蹦乱跳、无忧无虑、勇敢无畏、对世界充满着好奇心的少年。后来成长为青年，英俊强壮，勇敢无畏，享受着人生的幸福。但是，衰老就像龇牙咧嘴的猎狗追逐着每一个人。他终于被衰老捉住，摧残蹂躏，从此只能在痛苦中度日，被人们抛弃。"王子心烦意乱，打道回宫。

第二次出游，王子见到一个病人，身体浮肿，相貌丑陋。在他濒临死亡的眼睛里饱含了极度的恐惧和痛苦。王子也不知道什么是病。于是车夫告诉他："病人身上的四大已经紊乱，虚弱无力，身心受着折磨。他只能依靠别人的慈悲度日，其末日也就不远了。生病也是人人难逃的命运。"王子顿时感到全城内外已经没有一丝快乐的气氛。

第三次出游，他又碰到了一支送殡队伍，四个人抬着一副棺木，上面停放着一具僵硬冰冷的尸体，下巴难看地歪在一边，呆滞的双眼直直地对着太阳。送殡的人捶胸顿足，悲切的号啕声划破长空。悉达多王子未曾看见过死人，于是车夫又告诉他："人有生命开始的一天，也有终结的一天。死亡在任何时候都会向我们袭来，并把我们送到黑暗中去。人死之后，身上的一切已被摧毁，思想和智力已经消失，身躯也已枯萎。他像一根朽木躺在那里，同他的亲人永别了。"王子痛苦地回到王宫。

从此，这些衰老、消瘦和凄惨的影像像走马灯似的一幕幕呈现在悉达多王子的眼前，使他非常伤感和苦恼。他经常眉宇低垂，盘腿坐在树下，两手搁在膝盖上，一动不动地思索着人生的苦难、人生的矛盾以及摆脱人生痛苦的途径。他看到：原来世界就是建立在痛苦与烦恼之上。生存、死亡、无常构成所有生命的全部过程。可是拯救苦难之路在哪里呢？如果有能带来幸福生活的方法，我又将在何处找到它呢？有时候，他相信：人生的问题总是有答案的——总有超脱苦难的道路，只是我们至今还未发现。他宁愿舍弃富贵、权力和爱情去寻找这条道路,绝不庸庸碌碌,随遇而安。种种悲切、伤感、疑虑、黯淡的念头,就像一场风暴冲击着悉达多心中那个已经支离破碎的世界。

在第四次出游时,他遇到了一个苦行僧。王子向他求教。他说:"伟大的王子,我在孤独中,在密林深处的寂静中寻找,这样才不至于被外界侵扰。因为在寂静中存在着觉悟。现在我要加紧赶路了,我的路一直朝着那群山密林而上,那里有真理和快乐在等待着我。"悉达多不由地对苦行僧肃然起敬,决心出家去探索人生的道理,求得彻底的觉悟。

悉达多19岁那年,终于不顾父王的劝阻,妻儿的依恋,在一个万籁寂静的夜晚偷偷地出了城门,走进森林之中,脱下珠光宝气的服饰,剃去须发,披上袈裟,成了一个修道者。汉族地区的佛教徒以旧历二月初八为佛出家日。净饭王发现儿子出家,派人四处寻找,苦苦劝说,见悉达多去意已坚,无法挽回,便派了本族子弟乔陈如、跋提、十力迦叶、摩诃南拘利、阿说示等五人与他结伴同行,以便随时照顾。他们先后寻访过当时两个最有名的学者阿利耶和陀迦,跟从他们学道。聪颖过人的悉达多迅速而彻底地领会了他们的学说,但马上感到失望,他们并不能解决自己关心的人生问题,大概在当时全印度的哲学思想中都不会找到真正解脱人生苦难的方法。于是悉达多离开他们,走到伽耶城南尼连禅河边的树林中,加入了那里的苦行僧行列,想通过苦行找到人生的归宿。在那里,悉达多尝够了艰苦辛酸,坚持不懈。他"日食一麻或一麦",饿得头晕目眩。晚上躺卧在荆棘上,并且经常连续站立一日一夜。他从不洗澡,身上的积垢使他看上去像一株老树。就这样经历了6年之久,他已经形如枯槁,气息奄奄,却并没因此觉悟。

于是悉达多才知道苦行也是无益的,决心重新开始生活。他走到尼连禅河洗去了6年的积垢,拖着虚弱不堪的身子爬上岸。一位在河边草地放牧的女子好心地送他一碗牛奶,喝下去后才恢复了气力。乔陈如等五人一看如此，以为他背叛了当初的誓愿，便一起离开他，北渡恒河，到贝拿勒斯城的鹿野苑继续苦行。悉达多独自一人走到一棵毕钵罗树下，铺上吉祥草，向着东方盘腿而坐，发誓说："我今如不证到无上大觉，宁可让此身粉身碎骨，终不起来离开此座。"白云在他头上飘浮，尼连禅河水在面前流淌。这位圣人平心静气，全神贯注地思索人生解脱之道。刹那间，各种狂乱的梦幻和错觉像夏日的滂沱大雨一样包围了他，他的周围似乎充满了恐怖、诱惑和混乱。他没有退却，也没有动摇，就这样在树下整整坐了七天七夜，冥思苦索着宇宙和人生的种种现象。

最后一天的黎明到来之前，东方露出了鱼肚白，启明星在天边闪烁，所有的生灵都十分宁静。突然，奇迹在悉达多身上出现，他的意识扩展到了无限之境，穿过人类理解的边缘，看到的不再是世界的假象，而是其本来面目。他的心就像轻松地飞向太阳的鹰隼，不断地向前、向上冲击。他已挣脱了"迷"的枷锁，被"悟"的力量携进。他看到了自己和其他人的前世以及在前世的功过得失，他看到了所有生命的生死轮回，看到了这种轮回是建立在虚无梦幻上的，全部是须臾即逝的无常。他认定生死之谜已经昭然若揭，老与死的根源就在于生，就像大树植根于土地一样。人世间没有永恒，追求长生的人只能是死了又生，生了又死，循环往复，无边无际。这个让人厌烦的轮回是无知的结果。无知使人两眼一抹黑，既不知从哪里来，也不知到哪里去，追求着毫无价值、迁流变化、虚幻不实的东西。人们为此产生冲动，由冲动又引出更多幻觉，结果又成了自己的受害者。只有当这种冲动消失时，幻觉就会立刻结束，无知也会让位于智慧，此时周围的世界才以真相出现。当这个人觉悟后，他就会知道自己以前不过是时间与空间的奴隶而已。此时在他身上，万恶之源的无知已消失，他就达到了明心见性的地步。悉达多终于攀上了真理的巅峰，成为觉悟者——佛陀。

释迦牟尼成道日，汉地佛教定为旧历十二月初八，即"腊八"。那棵毕钵罗树,因为释迦牟尼坐在树下成佛的缘故,被称为菩提树。后来所有毕钵罗树都称为菩提树。"菩提"就是"觉"的意思。现在印度比哈尔省伽耶城南郊释迦牟尼成佛处,还有一棵菩提树,传说是原树的曾孙,枝繁叶茂,浓荫蔽日。树下有象征草垫的石刻金刚座。相传释迦牟尼成佛后起坐向北,东西行绕树徘徊,独自享受了七七四十九天的解脱之乐。在他周围,世界一片宁静明亮,微风习习,树影婆娑。

3. 传法

此刻,释迦牟尼突然想到世界上所有的生灵还沉沦在黑暗和苦难之中,对他们充满同情和怜悯。但是,人生的真谛是极难察觉、极难把握的。人类的活动都建立在这世俗的圆周之上,悬挂着各种各样的虚幻景象,而这些景象对于他们迟钝的感觉器官来说又十分逼真。他们又怎能相信世界是另一个样子呢?释迦牟尼对向世界传播伟大的佛法产生了犹豫。刹那间,他看到梵天娑含波帝站在面前,合掌对他说:"愿佛陀传讲佛法!总有一些眼睛不为世俗之尘所迷惑的人会听到、会看到佛法的。开始吧!请打开永恒的大门,实现您的愿望。"于是他仿佛看到世人如莲花池中的青莲,有的藏于水下繁茂滋生,有的在平静的水面漂浮,有的亭亭玉立,将风姿映在一泓池水中。世人有的纯洁,有的污秽,有的高尚,有的卑鄙,有的聪颖睿智,有的迟钝愚昧。但是这些人最终都能够一步一步地追求高尚的理想,登上涅槃的境界。他决心向世界宣示自己证悟的真理。

佛陀想到了昔日的同伴乔陈如等五人,决定首先启发他们。他渡过恒河,日夜兼程赶到贝拿勒斯,在鹿野苑找到了那五个仍在坚持苦行的同伴。起初,他们对他十分冷淡,称呼他朋友乔达摩。佛陀告诉他们,这样称呼是不适当的,他已经成佛,来向他们传授人生的真谛,打击永生之鼓。那五个人将信将疑地坐下,开始听佛陀传授佛法。佛陀叙述了自己的觉悟过程,告诉他们,如果按照他的方法修行,必须防止两个极端:其一是沉迷于贪欲、寻欢作乐的生活。这种生活是庸俗、不光彩、无价值的,是通向毁灭的道路。其二是自我施加的苦行折磨。这种生活是压抑、不实际、无意义的,不会带来任何收效。我已经发现这两种极端之间的一条中道,有盘旋直上的八级阶梯,沿着它就可以达到涅槃之境。佛陀接着向这五人传授"四圣谛"、"八正道"和无常的道理。他们听到这些道理都豁然开朗,欣喜地接受了佛法,恳求佛陀收为弟子。这就是佛陀第一次传授佛法、佛教上叫做"初转法轮"。"轮"是印度古代战争中使用的一种兵器、传说转轮王转动轮宝所向无敌。佛教以"轮"来比喻佛所说的法,能摧破众生的一切烦恼邪恶。从此奠定了佛、法、僧三宝,佛教开始建立起来了。

  佛教所说的三宝,一是佛宝,释迦牟尼是佛教的创始人,当然是佛。小乘佛教认为,只有释迦牟尼才能称"佛"。大乘佛教则认为,"一切众生,皆有佛性;有佛性者,皆得成佛"。三世十方到处是佛,其数如恒河沙子。释氏当然是佛,是已大彻大悟、现身说法的佛。二是法宝,指佛所说的法,包括各种教理、教规等。三是僧宝,广义而言是指佛的出家弟子组成的僧团,即僧伽,一般需四人以上。狭义而言是指已觉悟的圣贤僧众。如今把出家人就等同僧宝,以为皈依某位师父就是皈依僧宝,那是一种误解。释迦牟尼加上乔陈如等五人(后称"五比丘")在鹿野苑成立了第一个僧伽。他在那里住了下来,人们怀着迫切的心情从四面八方来到鹿野苑聆听佛陀的教诲。他对人们说:"解脱之道,靠的不是祭祀,不是苦行,也不是祈祷,而是靠内心的佛性。"没有任何神祇祭司可以解救人类。恶事是自己做的,耻辱和痛苦也都得由自己承受。只有靠自己的意志力和努力才能悟道,天上地下都没有一个救世主。现在所要做的就是自己按道行事,觉悟者只能给予指导,而不能代替。这种说法是他们原来闻所未闻的,使他们摆脱了婆罗门教义的枷锁。那种教义使他们时刻都在提心吊胆,恐怕激怒神祇。那种教义还导致了没完没了的祭祀和忏悔。现在,佛的教诲使他们知道每个人的手心里就攥着人生解脱之道。他们受到了鼓舞，从佛陀那里获得了勇气和力量。于是，在五比丘之后又有一批人成为释迦牟尼弟子。先是贝拿勒斯的富商舍陀和他的五十四个朋友请求佛陀收下他们做弟子。佛陀为他们传授了十戒：不杀生、不偷盗、不淫、不妄语、不饮酒、不涂饰香鬘、不歌舞观听、不坐高广大床、不食非时食（正午过后不吃饭）、不蓄金银财宝。他对那些如法修持、已经证道的弟子们说："你们都已渡过了河，到达了寂静的彼岸，不再受生死轮回的影响。现在你们应该出发到各地去，让那些还没有听闻佛法的人们都听一听佛法的奥妙。去吧！每人都单行一路，去拯救众生，接受信徒。我也要出发了。"弟子们听完佛陀的吩咐就开始各奔一方。那时没有佛典，所以他们每个人就是一部佛法大全。

佛陀本人也向伽耶和摩揭陀国的首都王舍城进发。一路上许多曾经当过苦行僧的人追随着他，拜火教徒大迦叶三兄弟也带着自己的徒众皈依了佛陀。从此，他的徒众与日俱增，声望一天天大起来，连摩揭陀的国王频毗娑罗也信奉了他的教义，成为一个居士，虔诚地遵守着教规。不久，佛陀又回到故乡迦毗罗卫国，他的异母弟难陀、堂兄弟揭婆达多和儿子罗睺罗等都随他出了家，还有宫廷中一个剃发工奴优波离也出家加入僧伽，后来成为佛教戒律方面的权威。释氏的姨母波阇波提也皈依了佛，是第一个出家女弟子。释迦牟尼告别了欢乐和平的家乡，云游四方，足迹远至今日的斯里兰卡和缅甸一带。云游说法途中，他和弟子们往往每天只进食一次，中午时外出募化午餐，午后专心坐禅，黄昏时为人说法。不过，佛陀居住的地方在王舍城和舍卫城最多。尤其是雨季，都要在那里静居三个月。在王舍城外有一片竹林，是频毗娑罗王献给佛陀和僧众居住的，后人称为竹林精舍。在舍卫城有一个园林叫祇园精舍。相传舍卫城里有一位叫"给孤独长者"的富豪要为佛陀建筑精舍，请他说法，看中了太子祇陀的花园。太子故意作难，说要黄金铺满园地才卖。给孤独长者真的用黄金铺地,太子感动,说只卖地皮,树木无偿奉献。因此,以两人名字命名为"祇树给孤独园",简称"祇园精舍"。这是佛教的第一座寺院,佛陀的说法大部分都是在这里进行的。

在月色里,佛陀端坐在垫子上,四面八方云集拢来的和尚团团围坐,安静地等待他的说法。他们偏袒右肩,双手合十高举至额,请佛允许提问,寻求指教,或者请求他演说。佛陀每次都是有求必应,他是一位宽厚仁慈的导师,他的容忍态度是惊人的。虽然他具有至高无上的权威和博大精深的知识,却从来没有强求别人服从自己意志的记载。他要求僧团成为自由人的团体,人人能够自助和做自己的灯塔。两位大弟子舍利弗多罗和目犍连延得到他的充分信任,协助他领导僧团,舍利弗多罗甚至有权替他解释教理。僧团中以好斗捣乱著称的"六群比丘"经常发生口角,争执不休,自称:"让世尊去安享今生的福报,吵架的责任由我们来负吧!"佛陀听了也只是一笑了之。他很少攻击错误,容忍敌对的存在,只通过温和地宣讲教义超度众生。他虽然反对祭祀,但仍像从前那样供养常到他家中来的耆那教徒。佛陀在世时,僧团曾发生严重纠纷。他的弟子兼堂兄提婆达多想要代替佛陀成为僧团领袖,催促佛陀隐退养老,但被坚决拒绝。于是提婆达多谋取阿阇世王的帮助,多次设计暗害佛陀。有一次,他派去的刺客竟被佛陀的威仪感化,皈依了佛陀,提婆达多气得吐血而死。佛陀对阿阇世王曾帮助谋杀自己的事毫不在意,仍经常去王舍城,向他演讲最微妙的佛法。

释迦牟尼晚年长期住在王舍城。逝世前,他离开王舍城,向北沿着山麓前行,在毗舍离染上了重病。在那里度过雨季后,携弟子们向西北继续前行,路上吃了铁匠纯陀供献的食物,病情加剧,最后走到拘尸那伽河边洗了澡,在一处四方各有两棵娑罗树的地方安置了绳床,枕着右手侧身卧躺,头朝北,面向西,双足并拢。后来所有卧佛像(即佛涅槃像)都是这样的姿势。佛陀说自己将要涅槃,弟子们守候着。夜间有婆罗门学者须跋

减心减念
有佛的智慧人生

陀罗去见佛陀,阿难陀想挡住他。佛知道了,唤他到床前为他说法,于是须跋陀罗成了佛陀的最后一个弟子。凌晨,释迦牟尼最后对弟子们说:"也许有人认为世尊的教导已经终了了,我们再也没有导师了。你们不要这样想,我为你们宣示的教义和制订的戒律,在我去世后就是你们的导师。""我涅槃以后,你们要做自己的明灯,皈依自己,以真理为你们的皈依处,不必在别处寻求皈依。"佛陀最后说:"你们听着,我告诉你们,存在是无常的。认真努力吧! 这就是如来最后的言教。"佛陀微闭着双眼躺在那里,像明月一样的安详,大地轰鸣颤抖。汉地佛教以旧历二月十五为佛涅槃日。

释迦牟尼的遗体被迎入摩罗国郊外的宝冠寺。七天后大弟子迦叶赶到,抚着棺木痛哭失声。佛陀不灭的灵光知道大迦叶赶到,从棺中伸出脚来。大迦叶见了感动流泪道:"伟大的佛陀! 请您放心,我们会依照您的足迹而行! 您的甘露之法会流布一切地方,您的慈悲德光会庇护一切众生!"大迦叶话音刚落,佛陀的脚收进棺中,弟子们又号哭起来。此时,佛陀发起三昧真火把自己火化。火化后的遗骨称为生身舍利。摩揭陀国和释迦族等八国将佛舍利分成八份,各在他们的本土建塔安奉。这就是释迦牟尼抛弃权力、财富、爱情,为求索人生的真谛而奔波劳碌的一生。

第二章
佛陀后的佛教

1. 佛陀后的印度佛教

释迦牟尼逝世后的一百年间,历史上称为"原始佛教时期"。这时,佛的弟子们在僧团生活上一般维持着他在世时一向的惯例,持戒比较严谨,基本上以乞食为生。在学说上也奉行着释迦牟尼创立的原始教理。这些教理主要出处是"经"与"律",它们在释氏在世时都是用偈颂形式口耳相传的。释氏逝世的当年,在王舍城外的七叶窟,有一次五百人的结集,参加的都是佛的大弟子,主持人是迦叶。会上要指定两人背诵佛说过的话,大家公推优波离复述戒律部分,阿难复述经文部分,佛弟子们审定后,公认是佛说的就把它确定下来。这就是佛教史上的第一次结集。佛在世时,于不同的时机,对不同的人,说不同的教法,弟子们或因说法的动机不同而有听受的不同,或因各人的学养、智力和修习方法的不同而有理解的不同,这是可以想见的。在第一次结集之后,长老们分别率领僧众在各地传教,师徒相承,日久之后,不能不受到各地环境的影响而逐渐形成各自的师承系统。有的态度偏于自由进取,对佛所说的教法大意,对戒律的受持也有所通融;有的则偏于保守,拘泥教条,不敢出入;有的介于二者之间。这种情形发展下去必然导致佛教内部的分裂。

释迦牟尼逝世百年之后,这种分裂就明显地出现了。先是分裂为上座、大众两大部派,随后又从中分化形成了所谓十八部。这一时期长达四百余年,称为"部派佛教时期"。上座部与大众部的分裂始于佛灭一七〇年前后的"七百人结集"(又称第二次结集)。直接引起分裂的原因是关于比丘能不能乞受金银的争执,七百人结集的结果判定比丘乞受金银不合戒律。因这次结集的参与者多数是上座长老,所以这派称上座部。另一派僧众不承认这个判决,另外召集了一万比丘结集。这一派人数众多,所以称为大众部。其实,他们的分裂不只是关于乞受金银的问题,而是佛教内部矛盾发展的必然结果。在戒律上,大众部的僧祇律较简略而多通融,对细微戒条多有舍弃,对于开戒多有方便;上座部的十诵律则与此相反,比较繁密而严格。这种戒律方面的争论,反映了两派修行精神的不同。上座部严格持守戒律,致力于修习禅定,注重自己内心的修持;大众部则广学多闻,致力于弘传教法,注重接引群众。这两种不同的精神不仅引起戒律问题的争论,而且促使后来佛教在教义上在各个时期不同的发展。

部派佛教时期,印度佛教史上出现了一个著名人物,即摩揭陀国孔雀王朝的阿育王。阿育王把佛教定为国教,在华氏城召集千余比丘重新集结佛法,并且设置"正法大官",巡回各地宣传佛法。由于阿育王的支持,佛教不仅传遍五印度(东、西、南、北、中印度),而且传到亚洲、北非、希腊等许多地区,一跃而成为世界性宗教。阿育王时代佛教势力大为扩张,地区风习各殊,随之出现了各种不同的组织和理论。这就更加促成了派别的分裂。

在部派佛教后期,印度各地就出现了一种大乘佛教思想。到了公元二三世纪间,大乘佛教经过长期酝酿而趋于成熟。大乘佛教产生后,把原先的部派佛教一概称为"小乘"。"乘"是"乘载"、"道路"的意思。在大乘佛教看来,小乘是小道,是佛为小根器的人所说的教法。大乘佛教宣称,自己能运载无量众生,从生死大河的此岸,到达菩提涅槃的彼岸,成就佛果。其实不然,大、小乘并无高下之分,只是修行的路线不同。大乘所说的境界是已证得小乘目标——阿罗汉果后的更高追求。即使走大乘修行路线者,也要以小乘实证为基础,并非可以绕道而行,一步登天。大乘在形成和演化过程中,主要有中观学派(空宗)和瑜伽行派(有宗)两大派别。

中观学派由龙树(约150至250年)及其学生提婆(约170至270年)所创立,奉《大品般若经》为主要经典,龙树等的《中论》、《十二门论》和《大智度论》以及提婆的《百论》为其基本论著。他们主张观察问题不落一边,即合乎中道而得名。他们认为,人生的痛苦在于对世间的事物没有真正地了解,产生了颠倒分别的无益戏论。要解除痛苦,最根本的是要体会一切事物的"实际",认清一切事物并无实体,也就是无"自性",就是"空",因此这一派也称"空宗"。瑜珈行派起源于公元四五世纪的笈多王朝,实际创始人是无著、世亲兄弟,以《解深密经》和《瑜伽师地论》为主要经典。"瑜珈"是一种观悟真理的修行方法。在释迦牟尼以前的印度宗教流派中就有着重调息、静坐等修行方法的瑜珈派,这种方法也为佛教所吸取。瑜珈行派认为,"一切皆空"的说法会导致否定三宝、成佛的主体和理想境界的存在,从而危及佛教自身的存在,于是提出,众生的识(心物一元之识)是变现万物的根源,由于万物唯识所变,故万物(境)是空无的;由于识能变万物,故识是有的。此派主张境无识有,所以又称"大乘有宗"。

　　大乘佛教思想的出现,是继部派佛教之后,佛教内部的第二次大分裂。大、小乘的区别是多方面的,主要在于:(1)在宗教实践上,大乘以成佛为目的,而小乘认为佛只有一个,即释迦牟尼,凡人修行以达到阿罗汉果为究竟。小乘偏重于个人解脱,大乘则致力于一切众生的解救。(2)在修持方法上,小乘认为要实现自己的理想,非出家专修、过禁欲生活不可。大乘则强调面对现实世界,理解现实世界,在现实中求得解脱。因此,大乘很重视在家,不特别提倡出家,并且它所提倡的许多事情也只有在家才能办到。例如,布施中的施财,出家人不许集财就不能实行。(3)在理论上,小乘拘泥于佛说,认为凡佛说的都实在,只要佛说有这类概念,也就有这类实在。他们一般不承认"万法皆空",只承认"人无我",所谓"人空法有"。大乘则不仅承认"人无我",而且提出"法无我",宇宙万物也是空的,"一切皆空",一切存在都如泡如影,如梦如幻。

公元 7 世纪时，又出现了密教。传说是龙树打开南印度铁塔、取出秘密经典而传出来的。自称它是密咒，是佛内证的智能语言，是能够显示诸法实相的真实语言，所以又叫真言宗。实际上则是佛教、婆罗门教和印度民间信仰的融合。后来密教逐渐在佛教中取得了重要地位。它的特征是注重修习仪轨，按照一定的仪轨结坛、设供，手结契印，口诵真言，意作观想，以求将自己的身、口、意三业转成佛的身、口、意三密，这样便能即身成佛。

到了公元八九世纪以后，由于印度教的兴起，佛教的内部教派纷争，佛教在印度开始衰落。大约自 10 世纪末起，建于阿富汗一带的伊斯兰教国家对印度进行周期性的侵略，更是沉重打击了佛教。13 世纪初，阿富汗的君主穆罕默德大举入侵印度，把印度仅存的佛教超行寺焚毁了。这是一个历史性的标志，宣告了佛教在印度本土的绝迹。

现在的印度佛教是在十九世纪末期从斯里兰卡重新传入的，出现了"佛教复兴运动"。特别是 1956 年开始，在印度国大党政府前司法部长倍克领导下，发起了大规模的贱民改宗佛教运动，印度七千万贱民中已有两千万人放弃印度教而皈依佛教，这个运动目前还在继续发展。

2. 佛教在中国的兴衰

孕育佛教的印度文化和中国文化是形成于古代亚洲的两大文化。在地理上，它们虽同存于亚洲大陆，但被青藏高原和喜马拉雅山脉隔断，因而形成了完全异质的文化。公元前 2 世纪末，横断中亚细亚的交通线开辟以后，这两种互相隔离的文化才开始交流。西汉末年，佛教便随着丝绸之路上的骆驼商队缓缓地踏上了古老的中国大地。从此，它在异质文化的中国传播开来，并逐渐发展为富有特色的中国佛教。

佛教最早传入我国内地的准确年代，历史上说法不一。一般认为，佛教正式传入中国始于东汉明帝永平年间（58至75年）。相传明帝因梦见佛陀而派人到西域求佛法，在月氏国（今新疆伊犁河上游）遇印度僧人迦叶摩腾和竺法兰，与他们同回洛阳，并得佛教经典用白马驮着带回中国。东汉永平十一年（68年），明帝为迦叶摩腾和竺法兰在洛阳建造了中国第一座佛教寺院，以驮载经书佛像的白马命名，称为白马寺。这两位印度僧人在寺内翻译了一部分佛经，即现存的《四十二章经》。同时，明帝的异母弟楚王刘英成为中国最早的佛教徒。他经常与外国僧侣、中国佛徒们一起祭祀佛陀，并使佛教传到了南方。当时信奉佛教的主要是皇族和上层贵族。他们把佛和黄帝、老子并列起来，当做一种神仙进行崇拜，以祈求长寿多福。及至灵帝、献帝时，西域的佛教学问僧相继东来，佛经才开始大量翻译。当时传入的佛教主要有两个系统：一是安息系统（安息国在今伊朗境内），二是月氏系统。安息系统是小乘佛教，以安息国太子安世高为代表。安世高在桓帝时来到洛阳，其后经历二十余年，译出三十余部小乘一切有部的佛经，对当时佛教的发展起了主要作用。月氏系统是大乘佛教，以支娄迦谶为代表。他与安世高同时到洛阳，主要介绍印度大乘中观学派的理论，为佛教在后世的发展奠定了基础。汉献帝时，民间开始有人信奉佛教。丹阳人管融曾聚众铸造佛像，建造寺院，举行浴佛法会和施食。

三国西晋时期，佛教开始在全国各地流传开来。当时玄学风行，出现了被称为"竹林七贤"的嵇康、阮籍、山涛、向秀、刘伶、阮咸、王戎等名士。他们把老子和庄子的"无"看做万物万象的根源，道的根本，认为修得无为自然的人就是圣人。他们自由的思想被当时的士大夫争相仿效。佛教《般若经》和《维摩诘经》的空观思想很像老庄的无为思想，因而吸引了许多士大夫的兴趣，中国就此产生了接受佛教的深厚土壤。当时虽有佛教僧侣，但只是剃发，并没有按照戒律出家。魏废帝嘉平二年（250年），印度僧人昙柯迦罗到洛阳，译出印度大众部戒律节选本《僧祇戒心》，又邀请印度僧人担任戒师，依律受戒度僧。这是中国佛教有戒律和受戒之始。当时依律受戒的有朱士行等人，一般以朱士行为中国历史上的第一个和尚。西晋是佛教由着重斋祀趋向义解的转化期。

从东晋十六国到南北朝时期，佛教得到迅速发展。它作为一种外来宗教，从此真正在中国这块大地上扎下根来。在这漫长的三百年里，中国社会处在无休止的战祸、饥荒、疾疫、动乱之中。世事无常，人生如寄，人们对现世已毫无信心，自然会对彼岸世界倾注全部热情，于是佛教便走进了中国人的心灵。佛教在东晋时代形成南北区域。北方佛教始于僧人佛图澄（232 至 348 年）在后赵的活动。佛图澄有门徒近万人，著名僧人道安、竺法雅、僧肇以及第一个受戒女尼安令首尼都是其弟子。先秦与后秦佛教的代表人物为道安和鸠摩罗什。东晋王朝保有了中国南方，其文化是西晋文化的延续，老庄哲学和清谈之风也传到江南。随着名僧不断南迁，南方佛教和崇尚清谈的社会风气相结合，产生了偏重讲经的学风。其代表人物是道场寺的印度僧人佛陀跋陀罗（359 至 429 年）和庐山东林寺的慧远（334 至 416 年）。当时还出现一种用"格义"方法来讲述佛法的流派，即以老庄和儒家学说解释佛教教理。如竺法雅曾用儒家"五常"来比附佛教的"五戒"。印度僧人纷纷来华，激起了中国僧人西行求法的兴趣和志愿。一些僧人长途跋涉，远游异国，广求佛典。他们归国后，在翻译事业及其他方面做出了很多贡献。东晋时西行求法僧中最著名的是法显。

隋唐时期是中国佛教的繁荣阶段。佛教传入我国，经汉魏两晋南北朝的广泛传播，和中国传统文化发生碰撞融合。到了隋唐时期正式完成了它的中国化过程，成为普遍的社会信仰。当时"寺庙遍于赤县，僧尼充溢九州岛"，印度佛教各宗经论次第译出，中国佛教学者纷纷著书立说。在寺院经济高度发达的基础上，南北朝时期的佛教学派先后发展为富有中国特色的宗派。隋朝立国不久，在政治上统一了南北朝，佛教也综合了南北体系,使南方佛教的思辨性和北方佛教的实践性达到了有机统一。隋文帝为了把佛教变成国教,在开皇十二年(592年)设置五众及二十五众传教系统。"五众"把长安城内各学派著名学问僧分为大论、禅门、讲律、涅槃、地论五部,各任命众主一人。众主负责教授本众的经、律和论。在此之上还有由二十五名高僧组成的"二十五众",专门策划传教工作。隋炀帝(539至618年)也笃信佛教。他在任扬州总管时就曾请天台名僧智颛(538至597年)为他授菩萨戒,并赐予"智者大师"称号。智觊是天台宗的实际创立者。他在研究南北佛教学者道生等十家学说之后,提出了自己的"五时八教"的判教。"五时"就是把释迦牟尼一代的说法分为五个时期:华严时、阿含时、方等时、般若时、法华涅槃时;"八教"指专讲教义内容的"化法四教"。这样就把大、小乘各派学说统一起来了。隋炀帝还在扬州设立四道场,慧日道场更是集中了佛教精英,包括三论宗的实际创始人吉藏(549至623年)。三论宗是以鸠摩罗什译出的《中论》、《十二门论》和《百论》三部论典为依据创立的佛教宗派。

减心减念
有佛的智慧人生

唐代继隋代之后也十分重视佛教。唐太宗李世民(599至649年)"度僧立寺,广事弘持",为佛教的振兴颇费心血。他恢复大兴善寺的国立译场,重兴译经事业。自此历朝相沿,直到唐宪宗元和六年(811年),前后著名译师26人,其中以玄奘、义净、不空最为突出,译出佛典总数达到372部2156卷,可以说当时印度大乘佛教精华基本上已被介绍过来了。从佛经翻译时间之长,翻译作品之多来说,是世界历史上任何一个国家所没有的。玄奘(600至664年)在取经、译经之外,还和弟子们一起创立了唯识宗。除天台宗、三论宗、唯识宗外,还有华严宗、律宗、禅宗、净土宗和密宗等。华严宗以宗奉《华严经》而得名,实际创立者是贤首大师法藏(643至712年),故后人又称此宗为贤首宗。这派理论的核心是认为佛性是世界的本原,物质世界是虚幻的,佛性才是实有的。从南北朝以来,出现了一群讲述戒律学的律师。北魏时,法聪精研《四分律》,自成一派。

随后,地论宗的慧光推动了律学的发展。唐代终南山和尚道宣(596至667年)继承慧光的系统,用大乘教义解释《四分律》,开创了南山律宗。东晋慧远大师于庐山东林寺创立白莲社,建斋立誓于阿弥陀佛像前,专以净土念佛为修行法门,共期往生西方净土。到唐代的善导大师(613至681年)正式创立净土宗,提倡专心称念阿弥陀佛之名号,以求达到一心不乱,藉弥陀本愿之他力,祈获生于西方极乐净土。唐开元年间,印度密教开始传入中国,被称为"开元三大士"的西域僧人善无畏、金刚智、不空弘传密法,广译密典,正式建立中国密宗。

唐代佛教寺院经济不断扩张,与国家利益的矛盾日深。到信奉道教的武宗(841至846年)继位后,终于在会昌二年(842年)下令灭佛,拆毁大寺四千六百余所,小寺四万余所,令僧尼还俗26万人,收回寺田数千万顷。虽然不久武宗死,其叔叔宣宗(李忱)继位,又恢复了佛教,但经过会昌灭佛,佛经大多焚毁散失,唐代佛教各宗大多日趋衰落。北宋立国之初,给佛教以适当的保护。太祖开宝四年(917年),令内官张从信往益州(今成都)雕刻《大藏经》版。《大藏经》是汇集佛教一切经典的一部全书,由经、律、论三部分组成。经藏是佛为指导弟子修行说法的理论;律藏是佛为信徒制定的日常生活所应遵守的规则;论是佛弟子们为阐明经义的论述。在佛教传世的两千五百年间,佛经流传经历了背诵、书写、印刷三个时期。在中国自汉至隋唐都靠写本流传,虽然在晚唐已出现了佛经刻本,但此时才开始第一次规模巨大的刻经工作。蜀本《开宝藏》印成后,手写佛经便逐渐减少。但官版《大藏经》主要用以颁给国内名山大寺和赠送友邦邻国,民间不易普及,于是私人刻印藏经的风气日渐流行。从宋太祖开国始,经元、明、清,各代所刻《大藏经》共有20次,每部藏经的刻版都在10万以上。

宋代,寺院开始分为禅院、教院和律院,并形成住持继承法。当时住持继承有弟子按剃度先后次序继承的甲乙徒弟院,有聘请各方有名望的高僧来担任住持的十方住持院,有皇帝下诏任命主持的钦差住持院,还有一种功德坟寺,是建造于贵族墓地内的私人寺院,其住持的任命则由坟寺主人决定。宋代佛教徒注重于实践,故禅、净两宗最为流行,并形成禅净双修的教旨,其教义深深渗透到人民大众之中。在教外也出现了三教合一的见解,宋儒濂、洛、关、闽四大家都与禅宗有一定的渊源关系;周敦颐、王安石、张载、程颐灏、朱熹、陆象山等人既是儒学大师,又是佛学家。最后在佛教,特别是华严宗和禅宗思想影响下,产生了南宋的程朱理学,标志中国思想史发展到了一个新的阶段。

元代是蒙古人建立的政权,元世祖忽必烈(1215 至 1294 年)曾尊萨迦派喇嘛八思巴为帝师,派他掌管全国佛教。喇嘛在藏语里是上人、长老之义,专指佛教僧人。喇嘛教是十世纪后期复兴起来的西藏佛教,它在传承印度密教的同时,吸收了许多西藏原始本教的色彩。佛教从松赞干布时传入西藏,至赤松德赞在位时大兴,到八四一年藏王朗达玛毁佛后逐渐衰落,前后两百年,是为西藏前弘期佛教。以后一百多年间,西藏佛教衰落,到宋初才逐渐恢复。九七八年,卢梅戒慧等到西康地区学佛取经回藏后,便在拉萨和日喀则各地重建寺院,复兴佛教,史称西藏后弘期佛教。因此,西藏佛教徒就把九七八年作为喇嘛教兴起的标志。十一世纪中叶以后,喇嘛教又形成宁玛(红教)、噶当、萨迦(花教)、噶举(白教)等教派。

明太祖朱元璋(1328 至 1398 年)转而支持汉地传统的佛教宗派。在元代受排挤的禅、净、天台、华严诸宗逐渐恢复,但在民间则更多地演变为拜佛祈福活动。信众通过对观音的信仰、念佛会、放生会、受戒会、素食等,希望得到"有求必应"的现世利益。当时的喇嘛教由于戒律废弛,逐渐走向衰落,于是出现了宗喀巴(1357 至 1419 年)的宗教改革。他在 1402 年写成第一部重要著作《菩提道次第广论》,1406 年又写成另一部著作《密宗道次第广论》,奠定了格鲁派(黄教)的理论基础。"格鲁"意为善规(或善律)。宗喀巴死后,该派的势力逐步扩大,建立了达赖和班禅转世系统。到了清代，格鲁派已成为西藏地方执政的教派。

清代对佛教的政策几乎完全继承明代，只是特别尊崇喇嘛教。但雍正帝(1678 至 1735 年)颇好禅宗，自号圆明居士，编撰《御选语录》，以禅门宗匠自居。中唐时代，规定出家受戒必须遵照政府规定的传戒制度，经过考试后依法受戒，持有政府所颁的度牒凭证，方可正式被承认为僧徒。此制行之千年，到乾隆时最后被废除。出家传戒由各寺院自由举行，各自发给度牒，政府不再过问。由此使得出家人更为杂滥，于是居士佛教就兴盛起来。其中以清初的彭绍升(1740 至 1796 年)和清末的杨文会(1837 至 1911 年)最为著名。杨文会在南京创立金陵刻经处，对佛典的出版和普及做出了贡献。

3. 见性成佛——中国禅宗的创立

现在"禅"变得很流行很时髦，不仅励志读物、气功健身、茶坊园林，甚至琳琅满目的商品都以"禅"为标榜。不过，大多数人并不知道"禅"为何物。许多人将禅宗和佛教并提，以为禅宗是独立于佛教以外的另一种宗教。其实不然，禅宗是中国佛教的一个大宗派，也是中国佛教独有的宗派。禅宗以大彻大悟为宗旨，以禅定为重要的修行方法。禅定是佛教三学之一，本是古印度各宗教流派通行的修行方法，后来为佛教所吸收和改造，并发展成许多流派。释迦牟尼在出家修道之初，就曾经修习禅法。从印度的静虑修行到中国的禅宗，其间经历了一个复杂的发展过程。印度的禅法大致可分为外道禅、凡夫禅、小乘禅、大乘禅、最上乘禅等类别。

外道禅是指佛教以外那些宗教派别通行的禅法。佛教禅法与外道的方法差不多，区别在于修行目的不同。佛教强调以持戒为修定的前提，只有节欲乃至绝欲才能进入高深的定境。其次是强调止观双修，也就是在禅定的同时进行观想，不只安定其心，而且要作清醒的觉照。此外，强调调心和修性。

凡夫禅是指为凡夫所行的禅，以修五戒十善为主。

小乘禅法由戒开始入门，能够持戒，才能进而得定，有了定，才能够发智慧而得到解脱，最后达到解脱知见的境界。其修持方法有静坐观心；有呼吸时计算出入息，使心情宁定下来的数息法。

大乘禅法反对遁世出离的单纯修定，把禅定作为获得智慧的手段和济度众生的准备，故由布施、持戒、忍辱、精进开始，进而达到禅定，最后得到的结果就是般若智慧。例如比较通行的念佛禅，即主张借助于佛教智慧，专心观想佛的三十二种相、八十种好，以使十方诸佛现立于前，产生一种奇异的力量，更快地达到成佛的境界。

实相禅，则是把禅法与空观联系起来。在禅观中既要看到一切事物的实相就是空，又要看到一切事物的作用，两者不可偏废。

最上乘禅的特点是不立文字，直指人心，唯求证悟，不求知解。这种禅法因注重心心相印、祖师相承，故称祖师禅。菩提达摩所传就是这门禅法，后来进一步发展成为中国禅宗。

魏晋南北朝时期，印度佛教大、小乘的各种禅法就已经传入中国，出现了研究各种不同习禅理论与方法的禅学，后来这些禅法被中国佛教的各大宗派分别运用，形成各自的修持方法。其中菩提达摩所传的最上乘禅，在中国流传最广、影响最大。菩提达摩是在梁普通年间从南印度到达广州的。第二年，他在金陵（今南京）与梁武帝会面，但问答之间并不投契。于是他渡江来到洛阳，在嵩山少林寺面壁修行，被时人称为"壁观婆罗门"。他的著名弟子有慧可（487 至 593 年），慧可再传僧粲（？至 606 年）。因为他们都奉持《楞伽经》，所以又被称做"楞伽师"。僧粲的弟子道信（579 至 651 年）定居蕲州黄梅（湖北黄梅县）双峰山，他聚众讲习，影响很大。他的弟子弘忍（602 至 675 年）创立"东山法门"。弘忍门下人才济济，其中最著名的是神秀和惠能两人。神秀（606 至 706 年）曾做过弘忍门下的上座。弘忍去世后,他在北方弘扬"渐修说",受到武则天、睿宗和中宗的礼遇,号称"三帝国师"。在弟子普寂和义福的努力下,神秀派系不断壮大,称为"北宗"。传说惠能(638 至 713 年)本是一个不识字的樵夫,因偶尔听人诵《金刚经》颇有领会,便去黄梅拜见弘忍为师,开始时被派做杂务。有一次,弘忍命各人作偈以试对禅理解的深度,准备付以法衣。神秀作一偈道:"身是菩提树,心如明镜台。时时勤拂拭,莫使惹尘埃。"惠能改作一偈,请人写在壁上:"菩提本无树,明镜亦非台。本来无一物,何处惹尘埃?"弘忍认为惠能的体悟较神秀的深刻,故秘密传授法衣给惠能。惠能回到南方,隐居十五年之后,在韶州大梵寺讲说禅法。惠能一方面弘扬菩提达摩"不立文字,心心相印"的禅风,另一方面又提倡"直心是道","见性成佛"。他并不特别强调坐禅这种形式,而强调主体的当下觉悟为解脱之极境。他主张返璞归真,不借他力,念念不忘悟,自觉成佛。也就是强调直观地去认识人们自己的本来面目,去体察宇宙的真理,不受语言文字的局限,不被教义法相所束缚,即所谓"教外别传"。弟子法海辑录其言行成为《六祖坛经》。惠能一派称为"南宗"。后来,北宗日趋衰微,南宗则成为独具一格的中国禅宗主流。

中唐以后的禅宗虽然仍是派系林立,但大都归附于惠能的法系,其中主要有青原行思(?至 740 年)和南岳怀让(677 至 744 年)两支。青原行思门下著名的有石头希迁(700 至 790 年)和再传弟子丹霞天然(737 至 824 年)。南岳怀让终生默默无闻,到弟子马祖道一(709 至 788 年)时才逐渐发展起来,势力遍及江西,形成洪州禅。道一的弟子中有著名的百丈怀海(720 至 814 年)。

晚唐时期,经过会昌灭法,佛典被焚毁,佛教各宗大多衰微,唯有禅宗本来就不困经典,不惑文字,反而得到发展,先后有五家成立,这就是晚唐以百丈怀海门下的灵佑(771 至 853 年)为代表的沩仰宗,以义玄(?至 867 年)为代表的临济宗和以良价(807 至 869 年)为代表的曹洞宗等三家。

五代时文偃(864至948年)在南汉国的云门山(今广东乳源县北)开创的云门宗,文益(885至958年)在南唐国的金陵(今南京)清凉寺开创的法眼宗两家。至此,禅宗五家完全建立。他们一变惠能"不立文字,心心相印"的传统,多在语言机锋、接引方法上下工夫。如通过"默照禅"、"看话禅"、"绕路说法禅"等,配以踢打棒喝等动作,来达到参究开悟的目的。无论是踢打棒喝,意义都在于使人在情急间不假思索,直接做出反应。他们认为,这种反应才是天性的流露(或者说佛性的显露),一旦进行思维活动便不是出自人的本性了。

宋初禅宗五家中云门和临济盛于各地,其余三家皆已不振。云门宗到南宋也逐渐衰微。临济宗则分为黄龙宗和杨歧宗,与上述五家合称"五家七宗"。宋代禅宗在思想上虽无独创,只不过是继承晚唐以来五家禅宗余风,但也有自己的特点,尤其是大量"灯录"和"语录"的出现,如道原撰写的《景德传灯录》、普济编集的《五灯会元》等,反映宋代禅宗已经走上惠能创立的"教外别传"、"不立文字"的早期禅宗的反面,由内证禅变成了文字禅。

禅宗与天台、华严、法相等经院化的宗派相比,带有强烈的批判精神,反对迷信经典和偶像的权威,甚至"呵佛骂祖"。如丹霞天然烧佛像取暖,云门文偃指释迦为"干屎橛",临济义玄更倡言"逢佛杀佛,逢祖杀祖,逢罗汉杀罗汉",所谓"大器者直要不受人惑,随处作主,立处皆真",表现出一种极度的自尊和自信。其次,禅宗既反对只注重经典阐释的经院学风,也不赞成枯坐苦修,而是提倡随时随处地发掘和体会自己本然具备的觉悟心性,在行、住、坐、卧,甚至"屙屎撒尿,穿衣吃饭"等平常生活中追求绝对自由的境界,主张"平常心是道",从而形成了一种随缘任运、逍遥豁达的人生态度。

第三章

佛教的人生观

1. 苦是人生的本质

佛教的人生哲学是以释迦牟尼提出的、后人加以发挥的"四谛"为核心的。"四谛"即苦谛、集谛、灭谛、道谛。"谛"是真理的意思。"苦"是说人生的痛苦;"集"是说痛苦的原因;"灭"是说痛苦的消灭,是佛教追求的人生目标;"道"是说消灭痛苦,求得解脱的方法和途径。其中,苦谛是佛教人生哲学的始点和基石。佛教认为,人生的本质就是苦,不仅是皮肉之苦,而且还要历尽社会的苦难。苦有两苦、三苦、四苦、五苦、八苦、十苦等说法,甚至还有一百一十种苦之说。它们从不同的角度,描述和分析了人世间的种种痛苦。

据《大智度论》说,苦有内外两种。内苦之一为身苦,如种种疾病缠身之苦;内苦之二为心苦,指烦恼、忧愁和妒忌等种种心理情感上的痛苦。外苦指来自外界的各种灾祸,它也分两类:一类是有生命的众生对生命的侵害,如豺狼虎豹对生命的侵袭,也包括人类相互之间的战争;另一类属于自然的力量,如地震火灾、狂风暴雨等对生命的伤害。

三苦是指苦苦、坏苦、行苦。这是依据人们精神感受不同来区别的。苦苦即遭遇苦事而感觉痛苦,如受饥寒交迫而产生的痛苦;坏苦即欢乐消逝,如富贵变贫贱、友人成仇敌而引起的痛苦;本来事物是迁流不息的,人们都指望它们永恒固定,故不可得,因此招致的痛苦则称为行苦。

四苦指生、老、病、死。释迦牟尼出家动机就在于发现人生有这四大苦,故佛教经常把它们看做是根本的四苦。生苦指生命诞生的苦痛:人未出生,十月住胎,俨如关在黑暗的地狱里,母亲喝一碗热汤,就要受烧煮之苦;母亲饮一杯冷水,则寒冰彻身;母饱之时,挤迫身体痛不可言;母饥之时,又如倒悬,受苦无量。至其满月欲生之时,头向产门,剧如两石峡山,欲生之时母危父怖。生堕草上,身体细软,草触其身,犹如刀刮。住胎出胎,都受逼迫。老苦谓衰老引起的种种痛苦:人至老耆,发白齿落,肌肉松弛,五官失灵,神志不清,生命日促。疾病的痛苦称为病苦:众病交集,浑身无力,面容憔悴,呻吟呼号。最后,最大、最难以战胜的痛苦是死亡:或因命终寿尽而死,或因遭遇灾祸而死,死亡的阴影始终伴随着人的一生。

这四苦合而为一,再增爱别离苦,怨憎会苦,求不得苦以及五取蕴苦,称为五苦。爱别离苦,是说人们主观上所爱之事物,往往不能如愿,偏要分离丧失。如父母兄弟,夫妻朋友,情爱融洽,欢乐相处,然而终不免生离死别,留下莫大痛苦。怨憎会苦,则是说人们主观上有所不爱,但偏偏冤家路窄,事与愿违,互相敌对的人不得不聚在一起,最不希望发生的事恰巧发生。求不得苦,说的是人们的欲望往往得不到满足,求之不得徒生苦恼。所求愈多,愈难以满足,于是痛苦也愈大。五取蕴苦是一切痛苦的汇合点。“蕴”是聚集之义,五蕴指色、受、想、行、识等五种现象,涵盖物质和精神两个方面。色是物质;受是感觉;想是念头思维;行是内心的造作,一切心理和物理活动的动力;识是知觉,有了知和分别的功用。透过识蕴而知道色、受、想、行蕴的作用。“取”指一种固执的欲望。联结在一起就产生种种贪欲,称为“五取蕴”。它既是生老病死等众苦的根源,又是一切苦的聚集。八苦所说与五苦没有什么不同,只是将前四苦分开,再合后四苦为八苦。

人生是一个痛苦的过程,人生的一切感觉都是苦,即使乐也不过是苦的特殊表现。佛教认为,一切快乐都是建立在痛苦之上的。什么是快乐?解除了痛苦即是快乐,除此之外,并没有所谓的快乐。比如,一个病人长年忍受着病痛的煎熬，偶然得到一种特效药治好了他的病，使他恢复了健康，于是，这个人就会感到无比快乐。可是假如他没有生这场病，没有病痛之苦，也就不会有大病治愈的快乐。又如一家人被台湾海峡阻隔了40年，忍受着骨肉分离之苦。忽然有一天亲人团聚，其欢乐之情之境可想而知。但是，假如他们没有这40年的分离之苦，当然也不会有重新团圆的欢乐。再说，一切快乐也是相对痛苦而言，《大毗婆娑论》说："相对立名，假说有乐，谓受上苦时，于中苦起乐想；受中苦时，于下苦起乐想。"意思是因受苦的程度而对快乐产生不同的感受。比如，对一个身患绝症、濒临死亡的人来说，即使落到一贫如洗的地步，只要能活下去就是快乐。正如俗话所说，"好死不如赖活"，因为死亡之苦要比贫穷之苦来得严重，故受死亡之苦时，会对贫穷之苦产生快乐的印象。但真让他活下来且因治病卖光了家产，不得不忍受饥寒交迫时，他又会觉得陷入了痛苦。这时他会以为能够过上小康生活就是最大的快乐了。当然，有了小康生活，又会觉得不满足，希望在富贵荣华中找到快乐。古人写了一首《不知足诗》道："终日奔忙只为饥，方才一饱便思衣。衣食两般皆具足，又想娇容美貌妻。娶得美妻生下子，恨无田地少根基。买到田园多广阔，出入无船少马骑。槽头扣了骡和马，叹无官职被人欺。县丞主簿还嫌小，又要朝中挂紫衣。若要世人心里足，除非南柯一梦西。"据此，佛教又进一步指出：人生终日逐逐以求乐，没有得到时以为苦，得而即久，虽然没有丧失也不会感到快乐，所谓"身在福中不知福"。因而真正的永恒快乐是没有的，它不过是苦的一种假象。

佛教认为，人生的过去、现在和未来都浸透了痛苦，始终无法摆脱六道轮回。"轮回"的意思是似车轮旋转不断，比喻众生的生死流传，永无终期。所谓"六道"，即指天、人、阿修罗、畜生、饿鬼和地狱。天，因天然自然，清净光明，非人类世间所能比拟而得名。但天不是指天空，而是指一般的神，也称天神、天人，是高于人类的上界的生命。人，即人类。阿修罗是梵文的音译,意译为"非天",是魔神。阿修罗的福报像天,但因是非心太重,易怒好斗。《西游记》里的沙和尚、猪八戒就是形象化的阿修罗。畜生,指飞禽走兽、蛇虫鱼虾等一切动物。饿鬼,因恐怯多畏而得名,依赖子孙的祭祀,或拾取人间遗弃的食物而生活。地狱是六道中最苦的受罪处,作恶多端、罪行累累的就在这里受苦。地狱里烈火熊熊,布满炽热的铜床铁柱,堕落在地狱里的要受大火焚烧。"六道"就是六类众生。前三道称三善道,后三道称三恶道。人被置于天之下,阿修罗之上,在六道中也算地位较高的。但人在生死轮回中不会永远是人,生命将在六道之中循环往复,轮回流传。修善的随福业上升,作恶的随罪业而下坠。如此上升下坠,死此生彼,生生延续,世世浮沉,不断在苦海中挣扎,永无了期。

超越六道轮回后还不能一步成佛,按照中国佛教天台宗的"十界论",在成佛之前还有声闻、缘觉、菩萨等不同境界。日本学者池田大作诠释"十法界",是把生命分为十种状态,其秩序由低到高分别为地狱、饿鬼、畜生、阿修罗、人、天、声闻、缘觉、菩萨、佛。这并不仅仅是指死后进入这种有差别的世界,而且也是从人类切实的经验中所抽象出来的十种存在状态,它们就内在于每个人的自我之中,作为每个人生命的基础。正是在这种不同的基础上才建立起不同的人格。地狱就是人受自我生命本来就有的魔性的冲动所支配的状态。饿鬼是受欲望支配的状态。畜生是在比自己强大的东西面前恐怖战栗的状态。阿修罗是为好胜心和竞争心所驱使的心理状态。前三者称为"三恶道",加上阿修罗即是"四恶趣"。人是一种不仅自身保持心理上的宁静,而且与外界也和谐相处的境界。在这里,人类生命的活力受到适度的控制,从而保证了人能够名副其实地作为人而生存。天是物质的欲望和荣辱心得到满足而充满快乐的状态,但这也不过是一刹那的幸福。声闻是学习先哲的教导,知道永恒的真理而感到喜悦的状态。缘觉是超越六道的中介,但它们都只是自己喜悦。在菩萨界，人格或生命的基础是慈悲，是因利他而喜悦，自我的牢笼只有在承认他人和自己有同等价值时才会被打破，这时就可以说开始否定了自我，并已开始走向无限。佛的境界是已经穷尽宇宙和生命的终极真理，达到跟宇宙整个生命存在融为一体的境界。

佛教对"苦"的阐述能给人启迪，因为至今还没有一种宗教和哲学能像它那样对"苦"作如此细微精到的分析。假如我们把"苦"看成是生命遇到的限制和阻碍，那么，这种限制和阻碍确实是普遍的，它反映了主观世界与客观世界的矛盾。生命只能存在于有限的空间和时间之内，但从生命内部却本能地生出一种力量（佛教称之为业力），不断尝试突破时空的限制。结果，每一次的突破，只不过是一种烦恼堕入另一种烦恼。例如，人发明机器，原本是为了替人服务，达到人力所不能达到的工作效率，突破时空对人的体力的限制。但是，今天又因为使用机器，带来能源污染、工伤事故等问题，费心烦神的事情越来越多，人也几乎成为机器的奴隶了。一般来说，限制的力量与生命冲动的力量成正比。生命越活跃，张力越强烈，遇到的阻力相应增大，产生的痛苦相应加深，烦恼和苦闷也越多。现代人每天要面对许多以往时代人们难以想象的问题，要克服许多以往时代人们难以想象的困难，他们的焦虑、困惑和烦躁也就要远远超过以往任何一个时代的人们。这就是现代人深刻广泛的悲观主义、荒诞意识以及追求返璞归真的根源。即使如此，但生命却受着一种无形力量的主宰，盲目地冲撞着。人们总以为扩张、发扬就能摆脱旧的烦恼，总以为执著地发展就可以接近极限，在小的限制暂时被突破时就忘乎所以，在短暂的虚荣假象和声色名利的诱惑里自我麻醉。殊不知世界上总有一些不可能被突破的限制。每个人如同寄身于汪洋大海中一条桅残橹折的旧船上的旅客，痛苦、焦虑、烦恼以致死亡的突然到来都是无法摆脱的。当然，人们也没有理由因此而不去搏击人生，只是留在船上坐以待毙。

2. 人生的痛苦之源

人的命运由什么来决定？人生痛苦的根源在哪里？关于这些问题，佛教有与众不同的说法。它不同意那种人生一切都由造物主的意志所主宰的观点（例如，婆罗门教的"梵天"、天主教的"上帝"、伊斯兰教的"安拉"那类人格化的造物主和黑格尔哲学中"绝对精神"那类作为宇宙本源的理性化的存在），它也反对那种一切出于偶然，人生命运无法把握的观点。佛教认为一切事物都决定于因果关系，人的命运和人生的痛苦也是如此。每个人都是自己造因，自己受苦。什么样的原因必然带来什么样的结果。佛教通常把原因和条件称为因缘，把结果称为果报。

人生之禀赋和境遇往往大不相同，有人生来聪明颖慧，有人却痴呆愚笨；有人长得端庄秀丽，有人却丑陋不堪，甚至四肢不全；有人性格豪放开朗，有人却孤僻拘谨；有些人生来就有享不尽的荣华富贵，有些人却一生都在为温饱担忧。即使同一父母所生子女的个性、天赋、际遇也各不相同，这就是人们常说的命运。

佛教认为，命运是每个人自己往昔的业力所造成，而来世之命运又由今生行为所决定。比如，有人劳苦了大半生，积下一份可观的家产。此人平时吝啬成性，一个铜板也舍不得花，结果没有享到一天福就一命呜呼了。一切家产都交给了儿子，儿子挥金如土，没几年就把那份家产败个精光。依佛教的说法，就是此人"前世作孽"。又如，有青梅竹马的一男一女感情很好，无论从哪方面来看都是天生一对。他们自己和所有亲友也都认为他俩的结合是理所当然的。但结果两人劳燕分飞，分别与他人成了婚，而且婚姻生活都不美满。这就是所谓"前世姻缘"。造成一切的就是业力，业力是终生所受果报的前因，是众生生死流转的动力。

"业"是行为的意思。做每一件事先有心理活动，即意业；然后发之口，为口业；表现于身体上的行动，为身业；合称"三业"。"业"是行为，而任何行为都自然会产生一种力量，此力量又迫使人做新的行为。例如，某人突然中了乐透奖，发了一笔大财。有了钱就产生了新的力量，购买力和活动力都增加了，接着就有了新的要求、新的欲望、新的关系，衣食住行都发生变化，远亲近邻纷纷上门，道贺的、沾光的、借钱的络绎不绝，于是生活变得愈来愈复杂了。可见凡做一事，必会产生一种无形的驱动力、约束力。这就是业力的基本含义。人们经常被自己的行为所约束、所驱使。"业力"之"力"，虽然眼睛不易见到，却能感觉到。我们如果站在都市的高楼上，向下面的马路上冷眼观察，但见那些熙攘往来的车流人群，那种匆忙紧张向前奔走的样子，一种感觉便会油然而生：在车流人群的背后有一股巨大的不可思议的力量在驱使他们不由自主地东奔西跑，这就是业力。如果我们自己也夹杂在马路上的人群中一起向前奔走，则不太容易觉察到业力在驱策着我们。只有抽身局外时，才能深切地感到这种业力。佛教认为业力的影响是不会消除的。众生所作的善业和恶业都会有相应的果报。当人的生命告终时，其一生的行为会作为一个整体产生效果，决定转生后的生命的性格。由于"业"的性质不同，所得的报应也就不同，来世会在不同的境界中转生。

这样说来，业力是否百分之百的定命论呢？也不尽然，业力毕竟是人们自己造成的，自己造成的后果虽有约束力，但也有某种程度的可变性。此生可以多造、少造或不造某种业，因此来世可以多结、少结或不结某种果报。目前之果报或命运，虽有其支配人的定性，但人的努力也可以使它改向、净化或升华，达到某种程度的转变。佛教揭示业报轮回的人生奥秘，强调个人造业的作用，把现世的祸福归结于前世所造的业，而现世所造的善业恶业死后必将做出裁判，善得福报，恶得祸报，赏善罚恶，丝毫不差。一切都是自作自受，每个人要对自己的行为负责。这在客观上对人们的行为有一定的劝诫和约束作用，显然和由上帝从外部主宰人的命运的说法不同。虽然在现实社会里,行善者蒙祸,作恶者获福,是司空见惯的现象。但若把人的行为放到历史的长河中去考察,那么就会得出这样的结论:人们从事善良的正义的事业终究会得到历史的肯定;而为非作歹,祸国殃民,即使得逞一时,最后必将受到历史的审判。一个人的人生观具备了历史感,他的思想必然升华到一个新的境界,再不会被眼前的得失所束缚。他就会无畏地去揭露生活中一切虚伪、黑暗、丑恶的东西,执著地去追求真、善、美。

"业"决定了人们的命运,那么造业的原动力又是什么呢?佛教的回答,是"惑"(或称烦恼),由于烦恼而造种种业。业引生未来或为天人,或为人,或为地狱、鬼、畜生的身心,于是又起烦恼,又造业,又生身心。这样的生死轮回没有终止。而有生死轮回就有痛苦。

《大乘阿毗达摩集论》说:"云何集谛,谓诸烦恼及烦恼增上所生诸业,俱说名集谛,由此集起生死苦故。"众生烦恼,无穷无尽,佛经中有种种论述。如《俱舍论》认为,众生有十种根本烦恼,又称"十随眠",即疑、无明、贪、瞋、慢、身见、边见、邪见、见取见、戒禁取见。

《成唯识论》认为,众生有六种主要烦恼:贪、瞋、痴、慢(傲慢)、疑(犹疑)、恶见(不正确的见解)。另外还有许多次要的派生的烦恼,如忿、恨、恼、嫉、悭、诳、谄、无惭、无愧、不信(不守信用)、懈怠、放逸等。佛经中甚至还有"众生有八万四千烦恼"的说法。

但是,一切烦恼就其性质来说,可以分为贪、瞋、痴三大类,又称"三毒",它们是烦恼的祸首。贪即贪欲,又称"爱",但这里所说的爱是指贪爱色、声、香、味、触、法"六尘"的欲望,是人欲横流、欲壑难填的爱,而不是指人类的正常感情,如爱祖国、爱人民、爱父母兄弟之爱。瞋即瞋恨,表现在内心的叫怨、恨、妒忌,表现于形色的叫忿、诤、害、恼怒。痴即愚痴、无知,也称"无明",就是不知善恶、不知因果、不知业报、不知事理、不知无常无我等佛教揭示的道理。"无明"(痴)决定了贪和瞋。由于迷惑、无知和不觉悟，使人们对事物产生爱欲和贪著，贪、瞋、慢、疑丛生，导致了贪求生命和繁殖生存的乐趣，导致了贪求财富、女色、权势和名望。因此，"无明"是生死的根本，是人生痛苦的总根源。

佛教在阐述业报轮回、生死流转的时候，又把人生过程划分为十二个环节，进行更深入细致的分析。这就是佛教的"十二缘起说"。十二缘起即无明、行、识、名色、六入、触、受、爱、取、有、生、老死。"无明"是观察众生流转的始点，它和"行"是属前世的，中间八个因缘是就现在的存在来说的。最后两个因缘即"生"和"老死"则属于来世。前世的"无明"造种种业，这种业在今世看来即为"行"，对来世来说即为"有"。前世由于"无明"造种种业，称为"无明缘行"。前世的"无明"和"行"成为现世生存的原因。

具体来说，"行缘识"——前世的业力带来今世投胎时的心识，这种"识"决定往相应的处所去投胎。"识缘名色"——识投胎后，在母胎中形成"名"和"色"。"名"指精神，"色"指肉体。不过，这时精神与肉体尚处在混沌状态，各种器官还不健全。"名色缘六入"——"名色"（身心）在母胎中发育出不同的认识器官。"六入"即指眼、耳、鼻、舌、身五种感官和意（思维器官）。这是生命即将诞生的阶段。"六入缘触"——"触"指触觉。胎儿出生后，六种认识器官与外界事物相接触而产生触觉。比如眼睛能区分黑白，鼻子能嗅出香臭，舌头能辨别咸甜酸辣等。"触缘受"——"受"指感受，认识器官与外界事物接触后，经思维活动而产生苦、乐、不苦不乐三种感受。从"识"到"受"都是由前世的"无明"与"行"招致现世的果。"受缘爱"——"爱"即贪爱、欲望。对外界事物有了感受进而会产生贪爱。绫罗绸缎、佳肴美味、悦耳的音乐、优美的舞蹈能给人带来快乐，人们总是希望得到这一切美好的东西。这种对美好事物、对享受的贪爱是深藏在人们潜意识中的一种生命欲，它是生命活动的原动力。"爱缘取"——有生命欲就会有追求执著的冲动，人们才会千方百计地去追求满足声、色、香、味、触五欲，才会不顾一切地去追求财富、权势和声望。"取缘有"——

这种以自我为中心的追求执著，就能引发种种身、口、意三业的活动而有业力的存在。现世的"爱"、"取"、"有"起惑造业是招致来世之果的原因。即有来世之因，必然会出现转生之果。于是，"有缘生"——今世的业导致来世的再生，这个"生"已是指来世之生。"生缘老死"——有生必有老死；老死忧悲苦恼是人生不可避免的。

有首偈子说："无明爱取三烦恼，行有二支属业道。从识至受并生死，七支同名一苦道。"这十二缘起像一串链条，互相依待，互生作用，说明了众生生死流转的因果联系。"无明"是过去的烦恼，"行"是过去的业，"识"至"爱"是现在的果报，这是从过去到现在，前世到今生的一个循环。"爱"、"取"是现在的烦恼，"有"是现在的业，"生"、"老死"是未来的报，这是由烦恼而造业，由造业而受报，由受报而再生烦恼，再造业，再受报。如是因果循环，善恶苦乐，升沉起伏，无有穷尽。从根本上说，人生的痛苦是永恒的，绝对的。

3. 人生的理想境界——涅槃

佛教认为，错误的人生道路是顺着十二缘起的流转，出生入死，迷误不觉。那么，正确的人生道路就应该反其道而行之。从断灭无明和爱、取上下工夫，因为它们是导致生死流转之苦的根本原因。没有了无明也就没有了一切业力，一切痛苦也就从此归于寂灭。他们认为不懂得佛法的人，只是看到果报，终日惶惶，恐惧痛苦和灾难的来临。佛法却使人看到致苦的原因，时时检查自己的思想和言行是否有致苦的自私和贪欲。这就像一个人突然头疼得厉害，庸医只看到头疼这种现象，让他服止痛药来解疼。这不可能从根本上解决问题，反而有可能潜伏更大的危险。良医却关心引起头疼的原因，找出病根对症下药，这才能真正解决问题。因此，佛教认为，众生畏果，菩萨畏因。畏因还是畏果，是觉悟不觉悟的分界线。只有认识到无明是一切痛苦的根源,摆脱它的缠缚,不再被一切世俗尘境所迷惑,使心灵得到彻底解脱,这样才能从人生痛苦之中,从生死轮回流转之中永远地解脱出来。这种人生的最高理想境界叫做"涅槃"。

许多人误解"涅槃"就是死,以为佛教就是厌恶人生、追求死亡的宗教。其实不然。"涅槃"是梵语音译,在中国有时也译为"泥洹"。其意译,鸠摩罗什译为"灭"或"灭度",是指灭苦,灭烦恼,灭生死因果,得到大解脱。玄奘则译为"圆寂",意思是智慧福德圆满成就,永恒寂静的最安乐的境界。在中国,玄奘以前大多用"灭"或"灭度",玄奘以后多用"圆寂"。"涅槃"作为佛教的人生理想,其内容也随着时代的变迁、学派的传承,在不断地演变,不断地充实,从而有多种解释。最初有"有余涅槃"和"无余涅槃"的区别。有余涅槃指断除贪欲,断绝烦恼,即已灭除了生死流转的因,但作为前世惑业造成的果报即肉体还在,仍然活在世间,而且也还有思虑活动。这种涅槃虽然是不彻底的,自然人生现象还存在,但已起了质的变化。表面上看他还和常人一样生活,兢兢业业,但不同于常人之处在于能远离一切颠倒妄想,如莲花出污泥而不染,心灵已经得到解脱,自由自在,超脱风尘。这样的人思想必然像明镜一样,光明磊落,襟怀坦白,没有丝毫个人私心杂念,遇事便无所挂碍,不再为一切功名利禄所束缚,获得从来没有的宁静与安详。无余涅槃是相对有余涅槃来说的,是比有余涅槃更高一层的境界。在这种境界中,不仅灭除了生死的因,也灭尽了生死的果。即不仅原来的肉体不存在了,而且思虑也没有了,灰身(指死后焚骨扬灰,佛教徒死后火葬的习俗即源于此)灭智,生死的因果都尽,不再受生。这两种涅槃有区别也有联系;无余涅槃是有余涅槃的继续和发展。后来习惯上也把佛教徒逝世称为"涅槃"或"圆寂",但这并非是真正意义上的"涅槃"。

小乘佛教以无余涅槃为人生追求的最高理想境界,把虚无寂灭认作涅槃的主要内容。有的甚至认为人生既然是一种苦难,那么为了解除人生的痛苦，就应当尽早结束人的生命，死后焚骨扬灰，不留痕迹。人体消灭了，痛苦也就结束了，如同釜底抽薪，薪火熄灭了，也就完事了一样。他们教人厌弃身世，只希望死后解脱轮回之苦，永远无为和安乐。否定人生的一切作为，最后必然归结到对宗教活动本身的否定。这种彻底否定人生意义的涅槃理论，显然和佛教的存在与发展存在着矛盾。于是，后来的大乘佛教就修改了这种涅槃理论，提出了新的主张。

大乘的龙树认为，涅槃和世间的本质是一致的、无差别的。"涅槃与世间，无有少分别，世间与涅槃，亦无少分别。"（《中论·观涅槃品》）因此，厌恶和离弃世间去追求什么涅槃，本身就堕入了无知，这样就永远不能真正达到涅槃境界。众生所追求的目标，应该是正确认识一切事物的"实相"（本来面目），从而净化自己的思想和行为，净化周围的环境，净化整个世界。世间一切现象是毕竟空，以空为实相，涅槃本性也是毕竟空，两者都空。由此可说，世间事物的实相就是涅槃的内容。人们如果没有真正的智慧，就会对事物产生颠倒分别，而招致人生的无穷痛苦。相反，如果真正能够体会到一切事物本来和人们的主观执著无关，没有一般人的认识所勾画的那种实体，亦即体会到"空"，还事物以本来的寂静面目，也就达到了真正的涅槃境界。这种涅槃称为"实相涅槃"。实相涅槃的提出，使世间与涅槃回归一处，取消了现实世界与彼岸世界的鸿沟，缩短了人与佛的距离，使佛教和人生的关系更加密切，也使涅槃成为更具现实内容的人生哲学范畴。

大乘佛教批评小乘佛教以个人修道成阿罗汉为人生目标，认为一切事物都是互相联系的，人也是如此，人类是整体。个人所造之业产生的力量（佛经上称"别业"）固然能决定他的命运，但千百万人汇聚起来的"共业"更是一股巨大无比的力量，它推动人生，推动历史与宇宙的流转。这种共业所形成的局面，既然是人类共同遭受的果报，故绝非个人之努力所能改变。因此，要使人类进入涅槃境界，不能单独行动，而要全体行动起来，以普度众生为目标，自利利他，甚至要以他为己，把自己融合在众生的汪洋大海中。大乘佛教从这样的认识出发，认为在通向涅槃境界的道路上，有许多事情要做，普度众生的事情是永远做不完的，绝不能中间停下来。由于发愿要普度众生，即使自身的觉悟已达到了佛的境地，可以进入无余涅槃，也绝不进入。这就是所谓"以大智故，不住生死；以大悲故，不住涅槃"，称为"无住涅槃"。佛经上就把这样的人称做"菩萨"。在汉文佛经中，最常见的菩萨有文殊、普贤、观世音、地藏等。如地藏菩萨，相传就是受佛陀嘱咐，在释迦牟尼佛入灭而弥勒佛未降生世间这一段时期度世，接引众生进入涅槃境界。于是，他发了大誓愿：一定要尽度六道轮回中众生，拯救各种苦难，最后自己才进入涅槃。无住涅槃思想后来成为肉身成佛和藏传佛教活佛转世的重要理论根据。佛教的原始教义本来是否定常、乐、我、净为人生的基本要求的。大乘佛教则一反其说，提出世间无常、苦、空、无我，涅槃境界则具有常、乐、我、净这四种美好属性，称为"四德"，主张追求人生真正的常、乐、我、净。"常"指涅槃之体永恒不变而无生死流转。"乐"指涅槃之体寂灭而永安。"我"指涅槃之体自由自在，通达无碍。"净"指涅槃之体解脱一切污染。这又为人生理想开辟了另一新的途径。

涅槃作为一种佛教的人生理想目标，如果只是始终停留在理论思维的范畴，那就很难成为社会上人民大众普遍的信仰。绝大多数人希望看到的是一个有形有色的佛教理想王国。于是，后来的大乘佛教把涅槃境界具体化、形象化、通俗化，张开了思想的翅膀，凭借着丰富的想象，描绘出一个佛教理想王国——净土世界。净土即指清净的地方。佛教所讲的"净"是无污染、无垢秽的意思。污染垢秽指的就是贪、瞋、痴等人生烦恼；洁净也就是人们思想得到净化，达到了涅槃的境界。所以涅槃境界也就是清净佛土。在佛经里有许多关于净土的描述。如《华严经》描写佛的法身住在"华藏世界"（又称"莲花藏世界"），这是一个由无数香水海构成的世界,每一香水海中各有大莲花,四周为金刚轮山所围绕。每一莲花中又都包藏无数世界,所以称为"莲花藏世界"。莲花中包藏的多层次世界,次第布列,其中第十三重婆娑世界里,人人都可以成为佛。人人都具备佛的本性,只要净化心灵,彰显佛的本性,就能成为佛。

在民间流传最广的是《阿弥陀经》(又译为《观无量寿经》)所描述的"西方弥陀净土",又称"西方极乐世界"。这个西方极乐世界,周围被七重栏楯、七重罗网、七宝行树重重环绕。国土平坦,气候温和,地以自然七宝(金、银、琉璃、珊瑚、琥珀、玛瑙)合成,到处被奇花异草覆盖,散发出芬芳的香味;到处是七宝树,金枝玉叶,光彩夺目。花间林下还有各种羽毛美丽的鸟儿在昼夜不停地歌唱,优美动听。不但鸟儿能歌唱,这里的一切自然景物都是最上等的乐器,七宝树叶被微风吹动,发出微妙音乐,连流水声也是绝妙的宫商。树声、风声、鸟叫声、流水声,交织成美妙的交响曲。林边还有许多七宝池,池底纯金沙铺地,清凉、甘美、润泽的八功德水充满池中,池内的莲花放出青、黄、赤、白四种颜色。这里的宫殿、楼阁、讲堂、精舍都用七宝建成,外面又覆盖着各种宝珠,每临深夜,光同白昼。这个极乐世界里的人已经断除了一切烦恼,人人都以上求佛道,下化众生为己任。一切财富都是社会公有,任何人不得据为己有。这里的黄金七宝犹如我们这个世界里的泥土一样举目皆是,人们所需要的东西"随意所欲,应念即至",彻底铲除了巧取豪夺等罪恶现象。人们都与人为善,待人友好,互相帮助,相敬相亲。"其土庄严之事,悉皆平等,无有差别",人与人之间的关系是平等的。无种族相,因此没有种族的歧视和压迫;无国土的强弱相,因此没有战争,没有侵略,没有以强凌弱、以众暴寡的不平等现象。无男女相,这里的人都是从莲花化生,没有男女性别,因而没有男女之间的互相占有,也没有家庭纷争。

总之,"其国众生,无有众苦,但受诸乐,故名极乐"。这样一个佛教的理想王国,和古希腊哲人柏拉图的"理想国"、英国空想社会主义者穆尔的

"乌托邦"、我国古代诗人陶渊明的"桃花源"以及康有为想象中的"大同世界",实在有异曲同工之妙。可见在人类的人生理想追求中,总有一些共同之处。

4. 通向涅槃之路——八正道与戒、定、慧

一个人如何才能从人生的苦难中解脱出来,走向涅槃寂静的理想境界?

传说释迦牟尼佛在鹿野苑第一次向他的追随者们讲述佛法时,指出了盘旋而上的八级阶梯,沿着它就可以登上美妙的涅槃之境。这就是佛教的"八正道"。首先是"正见",必须把对佛法的怀疑、误解或者偏见统统丢弃,这样才能够觉察出永恒与无常之间的差别,才能看到假象背后的真相。接受人生真谛的态度建立在对它的需要之上。这就是第一级阶梯。"正思维"(也作"正志"、"正思"),这是一种欲达觉悟的意志与决心。它的基础是自我修持以及觉察出觉悟的可能性。这是第二级阶梯。"正语",不使用不慎之语、诽谤之语、傲慢之语、辱骂之语、刻薄之语和花言巧语,远离一切戏论,只使用友善、纯洁、有意义和符合佛法的语言。这是第三级阶梯。"正业",行为举动必须无可指责,高尚而纯洁。从修持的第一步开始,就必须将所有期望占便宜、得好处的念头一扫而光,因为动机和行为是不可截然分开的。不许杀生,不许报复,不许偷盗,不许淫佚,不作一切恶行,一切行为都符合佛法的要求。这是第四级阶梯。"正语"和"正业",这两级阶梯是非常难登的。谁一旦登上这个高度,便会有"一览众山小"的感觉,也就会对往日东奔西跑、汲汲于利的生活感到可笑,人生的前景豁然开朗。这时,他已经取得了巨大的自信和自制力。

"正命",正当的生活。按佛教的要求去谋取维持生存的必需品,远离一切不正当的职业,如诡言惑众、星相占卜、放债赢利,等等。一个修行者

必须时刻警惕避免沦入这样的危险。所谓君子爱财,取之有道。当然,如果他已经跨过了前四级阶梯的话,自己的心会告诉他怎样去做。这是第五级阶梯。"正精进",正确的努力,止恶修善,向解脱精进。到达这一阶梯的人充满睿智、慈善心和觉悟心,佛法就是他的生命。就像健康者没有必要去数自己的脉搏一样,他对佛法没有一丝怀疑。他致力于智慧的事业,完全理解自己的所作所为。无论衣食住行,工作或休息都是按照佛法行事。这样的人能够达到至善至美之境,但仍不能懈怠和昏沉,还要防止恶心生起,已经生起的要使它断除,要努力使善心生起,并使它发展,臻于完善。这就是第六级阶梯。"正念",这是禅定境中正确的思维。此时,他只在乎真谛,完全抛弃了"自我"的念头,所以他的观照十分清晰透彻。虚幻已经不再出现在他的眼前,那里只有事物的本来面目。此时,他是掌握人生真谛的人,自己就是真谛的化身。这就是第七级阶梯。"正定",这是禅定中的心境。涅槃中还有什么值得留恋或者值得悲痛的事呢?任何世间的悲欢离合都不会在这里出现,搅乱我们寂静的身心。怀疑、恐惧、烦闷和混乱此时都已经销声匿迹,邪念、妄想、贪欲和仇恨都被抛在脑后。此时,以佛法的智慧观察整个世界犹如一池清水,水中的鱼群和沙粒都清晰可见。洞察人生的真谛,领悟宇宙的实相,从而获得身心的解脱。这就是第八级阶梯,至此涅槃之境的大门已经叩开。

　　八正道从纵向上展开,是按顺序依次向上的八级阶梯。如果从横向展开,其内容又可以分成精神生活和物质生活两大类,它为佛教徒的修持方向确立了原则,奠定了基础。八正道可以归结为戒、定、慧三学。其中正语、正业、正命属于"戒";正念、正定属于"定";正见、正思维属于"慧"。正精进是就修持的态度而言,是全面的,但正精进也是慧的一种表现,可以归属于"慧"。戒、定、慧三学相互联系,通常被认为是佛教徒修持的全部内容。

　　戒是指佛为出家和在家信徒制定的戒律,用以防非止恶,从是为善。

持戒是佛教一切修行悟道的共同起点。它可以使贪、瞋、痴三毒于未生时不再生起，于已生时得以消除，人们的身心由此显示出清净纯洁。在这个基础上，禅定之心才能生起，智慧之识才能发挥作用。因此，佛经上说，"以戒为师"，"戒为功德母"。如果没有戒律的约束，佛教徒的行为就没有准绳，僧团组织就不可能约束僧人们和平共处，过着有规律的宗教生活。没有依戒修持的佛教徒，没有如法如律的僧团，佛教的生命也就不存在了。因此佛经上又说，"以戒为本"，"戒在，佛法也在"。戒也称戒律，但戒与律之间又有所区别：戒是不能做、做不得的事；律是应当做、必须做的事；戒是个人的持守，律是团体的法度。不过，人们通常也将戒、律二义通用。本来戒不是佛教专有的，其他宗教也各有各的戒规或戒命，如古印度耆那教有五戒，基督教有摩西十诫。但佛教的戒律与其他宗教显著不同，它不仅教人戒除应戒的行为，而且还形成了一套理论体系。专门谈戒的"律藏"被列为佛教的三藏之一，与"经藏"、"论藏"鼎足而立，甚至还出现了专门以戒学为旨归的佛教宗派——律宗。

佛教的戒学体系包括戒法、戒体、戒行、戒相四科，如缺其一，便不能称为持戒。戒法是佛所制定的法规，它的精神一方面是防非止恶，远离身、口、意三业的过失；另一方面是修善利他而积聚功德。按其内容可分为止持、作持两门。止持门是指防止身、口、意过失的各种戒，如五戒、八戒、十戒、具足戒、菩萨戒等。作持门是指奉持一切善行的戒，如十善、二十犍度等。戒体是佛戒特有的，其他宗教的戒律只要在行动上遵守就可以，佛戒则不然，它要由师徒相授。佛弟子的受戒须是师父亲自传授，并有一定的仪式，经过传戒的仪式和程序，弟子才算是纳受了戒体，以后才能将戒传给他人。据说，这个戒体是直接传自佛陀的。纳受了戒体，便是纳受佛的法身于自己的心性之中，它可以启发和证悟自身有的佛性。受了佛戒而再破戒，是知法犯法，罪加一等，其罪过的程度远远超过没有受戒而作恶的人。戒行是由持戒而表现出来的行为。戒相是持戒行为的差别现象。戒被认为是佛教徒修行悟道的基础。

定即禅定，这是梵文转译，意思是"静虑"、"入定"、"思维修养"、"功德丛林"等。《六祖坛经》上说："外离相为禅，内不乱为定。"当外界的种种刺激呈现在自己眼前时，只是觉察看得清楚，但不会被它所欺蒙或束缚，内心仍保持清醒、明白而不紊乱，这就是禅定。这是一种特殊的心理生理状态。此时的心理状态就像走在街上，注意人潮中的每一个人，走过就走过，从来没有回头看一眼的想法。在这种状态下，生理方面的显著现象是呼吸作用、血液循环乃至心脏跳动的缓慢、微细甚至停顿，这主要通过调节和控制心理活动的工夫实现。禅定有两种不同来源：一种是人生来就有的功能，称为"生定"；另一种是专为获得佛教智慧、功德、神通而修习所生的工夫，称为"修定"。

慧是指领悟人生和宇宙真谛的智慧。佛教认为，一个人所以不能从生死轮回之中得到解脱，是因为被无知和偏见、被不正确的知识引入了歧途。因此，只有获得证语人生和宇宙真谛的智慧，才能断绝一切无明烦恼，进入涅槃境界，成为佛。这里的佛和其他宗教的上帝、救世主或者神仙完全不同。"佛"、"佛性"是指一个理智、情感和能力都同时达到最圆满的人格。换句话说，一个人具备了伟大的觉悟心，也就是成"佛"了。佛在梵语中本身就是"觉悟者"的意思。

人为什么会有对世界的不正确认识？因为人们在日常生活中所了然的世界，只是整个宇宙中极小的部分，因为不完整，所以就必然会产生无知和偏见。佛经上记载了一则著名的印度寓言"盲人摸象"。说的是一位国王召来几个盲人要他们围着一头大象摸索。这些盲人不知道是什么东西，每一个人只能摸到象的一部分。于是国王说："这是一头象，现在你们告诉我，象是什么样子的？"摸着象身体的盲人说："象好似一堵墙。"抓着象鼻子的那一位害怕得很，用颤抖的声音说："啊！不是，它像一条巨蟒。"用手摸索象尾巴的马上纠正说："不对，它更像一条小蛇或一根绳子。"那个矮个子只能摸到象腿,接着说:"陛下,这头象犹如一棵树的树干。"因为每个盲人摸到的都是象的一部分,并非象的整体,所以他们各自得到的印象就都是错误的。因为认识是错的,所以他们的情绪反应也是不适当的,例如把象当做一条巨蟒的会产生恐惧。人生的道理也是如此。

每个人接触的世界都是有限的,他对世界的了然也是有限的。例如,我们的肉眼只能看到宇宙的一小部分,即所谓"可见光带"。不但我们的眼睛看不到宇宙全景,其他器官所能做到的也同样有限。科学家曾测试过某些动物,包括人类、狗、飞蛾、海豚等在内所能感觉到的声音频率,结果人类只能听到自 20 到 2 万频率的声音,狗则能听到自 15 到 5 万频率的声音。可见狗听到的声音范围远比人所能听到的广。而空中的飞蛾则能觉察到每秒钟高达 15 万频率的声音,比人类所能觉察的最高音频要大 7.5 倍之多。倘若按照人类的标准来看,飞蛾的音乐世界一定要比人类丰富美妙得多。人的嗅觉和味觉也远不如其他动物的官能敏锐。现代科学证明了释迦牟尼 2 500 年前提出的看法:人在日常生活中所感觉到的世界,只是整个宇宙的一小片断,是极不完整的。释迦牟尼进而认为,由这极不完整的感觉得出的种种知识是不正确的,只是一种假象。在这种不正确的认识指引下去生活,人类便会走入危险的歧途。因此,必须拨开迷雾,领悟人生和宇宙的真理。在真理之光的指引下,人生才能沿着正确道路走向涅槃之境。释迦牟尼认为自己倡导的佛法,便是人生和宇宙的真理。

前面已经介绍了佛教对人生本质、人生理想目标以及人生解脱途径的基本看法。但释迦牟尼的智慧并没有在这里留步不前,进而提出了"诸行无常"和"诸法无我"的思想,构成了佛教人生观和宇宙观的基础。"诸行无常"指宇宙间的一切现象都没有永恒的存在。"诸行"是指一切作用、一切事物或一切现象。"行"是迁流变动的意思,一切现象都是迁流变动的,所以叫做"行"。这个词的本身就包含了"无常"的意义。在我们的周围,天时是物换星移,岁月变迁;地理是沧海桑田,陵谷互换;人生是年华不再,老死病衰。任何事物都不可能永驻,所有的东西都在变化,转眼即逝,瞬息万变。山河日月无不在演变过程中,天体地球有朝一日也会归于毁灭,而不是天长地久。佛教认为,无常又有两种:一期无常和刹那无常。一期无常是指一切事物在某一时期内,迁流转变,不断代谢,最后归于坏灭。人的生、老、病、死,物的生、住、异、灭,世界的成、住、坏、空,虽经历的时间有长有短,但都是一期无常的显露。一切事物不但有一期无常,而且又有刹那无常。刹那是极短的时间,佛经上说一弹指间便有六十刹那。刹那无常也就是说事物在没有坏灭之前,刹那之间都经历了生、住、异、灭的迁流。生是生起;住是一定时间里存在着作用;异是作用在逐渐变异消失;灭是完全消失。石火风灯,逝波残照,露华电影都不足以比喻万物的刹那无常,宇宙间的一切事物和一切现象是没有不刹那生灭的,它们步步逝去,后后生起,因果相续,流注不息。现代科学也证明,一切事物都是通过量变达到质变,变化之粗显者容易观察,其极密极微者则不易认识。如雨后新竹,日长数尺,人尚不易察觉其生长的痕迹,更不用说山石、桥梁、舟车、屋宇、门窗、桌椅等,它们虽在刹那间默默无声地变,绵绵密密地变,而映入我们眼识的却是静止不变。其实,这只是一种人们了然世界不透彻而造成的错觉偏见。我们对事物的认知仅仅是一堆自己大脑加工过的印象,并非事物本身。事实上,一切事物都处在无常之中,无常是事物存在的唯一形式。人生自然也不会例外,人生如寄,变化无常。人人都希望美好的生活能够保持永恒不变。但是,恒常不变的愿望和变化不居的现实之间存在着矛盾,矛盾得不到解决,就会招致痛苦。人的欲望是无限的,一种需求得到了满足,又会产生新的需求。可是这种变异不定的欲望,必然不会得到充分满足,于是就会使自己陷于痛苦之中。人生旅途上既然没有任何不变的事,自然也就没有任何永远令人愉快的事。人生实在是一个无限痛苦的过程,无常理论就这样为人生痛苦的论断提供了依据。

世界上的一切事物不但无常，而且无我。佛教讲的"我"是主宰和实体的意思。一般人认为，"我"是恒常不变的实体，具有自我主宰的功能。也就是说，"我"是既无集合离散，也无变化生灭的实体，是独立自生的永恒不变的主宰者。世界上有没有这种单一独立、自我存在、自我决定的永恒事物？一般宗教对此都是肯定的。如婆罗门教就认为世界是由大自在天（天神）创造的。基督教也认为有一个万能的上帝，上帝创造世界，创造人类，上帝主宰一切。佛教却反对这种说法，认为一切事物是由因缘合成的，相对的和暂时的。具体来说，宇宙万物、山河国土，乃至身体形骸，既不是上帝创造出来的，也不是无缘无故而忽然生长出来的，而是由"四大"作用暂时聚合生成。"四大"合则生，"四大"散则灭，没有本体是永恒不变的。所谓"四大"，即地、水、火、风。古印度人认为这四种东西是构成一切物质的元素，故名为"四大"。佛教所称"四大"，又指坚、湿、暖、动这四种性能。就是说，地代表坚，水代表湿，火代表暖，风代表动。"四大"可以从功能上来意识到它的存在，无形象可以直接去观察它，故称为"能造四大"。这四种性能所表现的有形有质，可以通过感觉去接触到的地、水、火、风称为"所造四大"。四大聚散无常，也使这个世界上的一切生灵无常。可见世界上的一切存在都没有独立不变的实体或主宰，一切生命也都没有起着主宰作用的"我"。这就叫做"诸法无我"，这里的"法"包括一切精神物理现象。"诸法无我"，人的存在当然也是如此。人的生命由何而来？人死后又往何处去？我们将在之后章节详细分析。

世人往往不懂得无常、无我的道理，把人执著为实在的我，产生我的观念，以身为我，以名为我，热衷于自他彼此的差别，总觉得我有力量主宰自己的命运，有力量主宰自己的环境。由此产生和助长贪欲、嗔恚、愚痴，形成种种烦恼，进而造种种"业"，有"业"就有生死轮回。因此，正是这种对自我的信仰，对自由意志的迷信，才导致了一条妄想执著的绳索将我们束缚于虚幻世界的痛苦。当一个人知道了"无我"的道理，了然世上并无这个我行我素、贪得无厌的"我"，这条绳索就被砍断了，这个人就会解脱出来。

5. 觉悟本心——佛法是减法

释迦牟尼的说教浩瀚丰富，但倘若我们认为只要精通了数百部经论，就是掌握了佛法，领悟了人生和宇宙的真谛，那就完全错了。佛法不是只凭学习所能了然的，解脱者所达到的涅槃境界也是语言文字所不能道尽的。有几则禅宗公案说明了这个意思。水潦和尚有一次问马祖道一："不与万法为侣者是谁（'万法'即世间万事万物，此问等于问能解脱者是什么样的人）？"马祖一脚踢倒他，并踏住他的胸口说："你问！你再问问看！"水潦和尚大悟，并作一诗："自从一吃马祖踏，直到如今笑不休。"另一次，庞蕴居士问石头希迁："不与万法为侣者是谁？"石头希迁不等他问完就捂住庞蕴的嘴，庞蕴当即大悟。庞蕴又以同样的问题问马祖，马祖回答："等你能一口吸光西江水再告诉你。"这些故事都在阐释："不可说，不可说！"释迦牟尼是第一个领悟人生和宇宙真谛的人。但他觉悟以后发现的真谛就像一只母蛙从池岸上回到水里去以后，无法使水里的蝌蚪体味到柔风暖日的可爱一样。只有当蝌蚪生出脚之后，自己跳到岸上感觉到风和日丽的时候，它才会突然间领会到母蛙所说的话。释迦牟尼佛发现人类的语言文字不足以形容觉悟者的境界，一个人必须凭自己的经验去发现悟境。释氏讲述的佛法只是"示月之指"，并非"月"本身。整个佛教的教理只是沟通人们一般认识与真谛之间的桥梁，只是帮助你达到悟境的阶梯，而不是真理本身。人们一旦大彻大悟之后，从前所学的一切佛学知识，对他来说就没有任何价值了。正如你划船渡河，一旦到达彼岸之后，那条船对你就没有用处了。待你一旦达到悟境之后，就没有必要死死记着它们，而应将它们忘去。

佛教认为，人类都具有了然完整和正确的宇宙之能力，也就是具有高度的智慧，伟大的觉悟心，只要将这原具的能力发挥出来，就能解脱各种人生的苦难。平时人们的这种悟性所以不能发挥出来，就像平静的湖面起了波涛，失去了明镜似的水面一样。人类迷恋于外境以及假定的诸般设想，一向被妄念的浮动所覆盖，为所谓的名利、情爱、权力疲于奔命，因此一直到死都不能自我证悟，埋没了本具的悟性，使其本具的至高的理智、至富的情感及无限的能力不能达到最圆满的境地。我曾经写过一个偈子："佛心即童心，佛法是减法。"我们的童年时代，每个人的心都是很单纯的，没有那么多烦恼，没有那么多约束，也没有那么多痛苦。一个人只是随着年龄的增长，对财富、名誉、地位或权力的欲望越来越强烈，对自己的束缚才会越来越多，同时更多的烦恼和痛苦也随之而来。一个人常常为了讨人家说声好，或者发奖金时多赚个一两千元钱，或者谋个一官半职过过瘾，就不得不藏起自己的喜怒哀乐，牺牲自己的聪明才智，抛弃自己的正义和良知。其实，财富、名誉、地位或权力都不可能永驻，都不是人生意义所在，它们不过是些虚妄的外在之物。人们生起了贪求这些外在之物的妄念，就使自己的本性污染了。如果得到明师的开导和指引，生起智慧，去掉妄念，内外明彻，就能寻回丢失的悟性，自成佛道。所谓"觉悟"就是返本归真，回到自己本来清净单纯的心，使自己的人性不再为世俗的妄念所束缚。对一切外在之物，如财富、名誉、地位、情爱、权力等都拿得起，放得下。这样的人就能够从一个人惯有的紧张状态中解脱出来，从虚幻的执著观念之中解脱出来。世人平常用以诠释生命的整个僵固结构忽然间完全粉碎，故而有了获得无限自由的感觉。清净单纯的心会产生清晰的思考，就像清澈的湖水一见到底。所以说"佛心即童心"。

学佛不是为了要增加新的知识，皓首穷经，做一个佛学专家。大多数人已经习惯用做加法的方式去思考，而佛法却往往在相反的方向。佛法因放下而成就,就好比草地上原有一条路,但有一天,你发现这条路上长满了荆棘野草。要打通这条路,绝不需要增添什么东西,而是设法除去野草。当你把野草除去后,这条路又能通行了。我们的心也是如此,不需要增加任何东西来得到解脱,没有在心上加重负担的必要。悟性本来就存在,虽然你尚未见到。我们心中的荆棘,包括消极的想法,恐惧的态度,贪婪的欲望等等,当我们把它们一一除去后,将会发现心灵的光明大道。那些没有见到自己本性的人,可能读经、念佛、一天十二个小时用在实践宗教生活,或长坐不卧,或博学多闻。他们也许以为所有这些就是佛法。其实,这是最大的错误。读经、念佛、持咒、打坐都是修行的方法,并非觉悟本身,到最后也是要放下的。所以说"佛法是减法"。

释迦牟尼说法应世的目的,就是在教导众生寻回丢失的悟性。佛教不是要我们将其教理简单地当做信仰接受,而是要求我们亲身体验。这也是佛教不同于其他宗教的地方。这种亲身体验可以唤醒人人固有的清净的悟性。佛不是另有佛身,不是那种寺庙里半神半人的泥塑,而是自性即佛。佛与众生的区别,只在于对自己的本心是不是觉悟。佛是自由自在的,人的本性也就是自由自在,自由地思想,自在地生活,不受任何束缚。如果你想见到佛,就应该见到你自己的本性,因为这本性就是佛。人人只要对这种自身具有的本性彻底觉悟就可以成佛。传说马祖道一在南岳般若寺时,整天盘腿静坐冥思。他的老师南岳怀让看见了便问道:"你这样盘腿而坐是为了什么?"马祖回答说:"我想成佛。"于是怀让便拿了一块砖头在马祖附近用力磨。马祖便问:"老师,你磨砖做什么?"怀让答道:"我想把砖磨成镜呀。"马祖又问:"砖怎么能磨成镜呢?"怀让反驳道:"那么你盘腿静坐又岂能成佛?"马祖便问:"要怎样才能成佛呢?"怀让回答道:"就像牛拉车子,如果车子不动,你是打车还是打牛?"马祖被问得哑口无言。于是怀让继续说:"你这样盘腿而坐,究竟是为了学坐,还是为了成佛呢? 如果学坐禅,禅也并不在于坐卧。如果想成佛,佛也并没有一定的形相。佛不住在任何地方，所以没有人能抓住他，也没有人能舍弃他。如果你想用这种盘腿而坐的方式去成佛，就扼杀了佛；如果你执著于坐相，便永远不见大道。"坐禅的意义并不是安静地坐在树荫下休息，而是让自己掌握一种新的看待事物的方式，掌握一种新的方式来管理自己的念头，掌握一种新的方式来看待人生和宇宙。

因为觉悟使我们看清存在的基本事实，所以觉悟了以后，我们是用一种意料不到的角度去感觉整个世界的。不论这个世界是一个什么样的世界，对于觉悟者来说，这世界便不再是往常的世界。尽管它还是一个有流水热火的世界，但绝不再是同一个世界。苏东坡在一首诗中表达了这种境界："庐山烟雨浙江潮，未到千般恨不消。及至到来无一事，庐山烟雨浙江潮。"青原惟信也有同样的说法，当一个人没有觉悟时，见山是山，见水是水。当他透过良师的教导而见到佛理时，见山不是山，见水不是水。可是当他真正大彻大悟时，见山又是山，见水又是水了。悟性的失而复得，对一个人精神和生命的影响是具有突破性的。它表示一个人生命中的转折点，是一次精神上的洗礼，是生命本身的再造。一个人在寻回了失去的悟性，走进了无比美好的悟境之后，就像在险境中突然发现了逃离的方法，外在压力就像一座巨大的冰山突然融开，从前的一切疑惑和不决就像融冰一样消失得一干二净。只要努力精进，去领悟人生和宇宙的真谛，就一定能亲身体验这样的境界，也一定能够成"佛"——获得理智、情感和能力都达到最圆满的人格。

第四章
心灵修炼的功夫

1. 禅修是心灵修炼的功夫

我们在前一章已经说过，佛法不只是指佛教的教理，更重视亲身体验。教理只是沟通人们一般认识与真谛之间的桥梁。只有亲身体验才能生起大智慧，去掉妄念，内外明彻，见到自己本来清净单纯的心性。这种亲身体验需要一套循序渐进的心灵修炼功夫，佛教称为禅修。

前面已经提到佛教禅修方法流派众多，大致可以分为小乘禅法、大乘禅法和密宗禅法三大派，各派中更有多种禅法师承。小乘禅法分为"世间禅"与"出世间禅"两类。世间禅由浅入深，能使身心轻安，延年益寿，但即使达到禅定的最高境界尚有生灭，不能达到佛教所期超脱生死的目的，故名世间禅。这种禅法主要是从观息调息入门。数息法、十六特胜观等皆属此类。小乘出世间禅大体以观色（身体内外的某种形相）为主要特点，有九想、八念、十想、八背舍、八胜处、十一切处、九次第定、狮子奋迅三昧、超越三昧等，一般都从观身不净起，据说有伏断烦恼的特殊功能。大乘禅法（又称"出世间最上乘禅"）分有相、无相两类。有相者如净土宗的念佛禅、观佛三昧等，主要是以佛相、光明等为观想对象。无相者，如《大乘起信论》所说的"真如三昧"、"一行三昧"等，方法是不念一切，泯绝自他佛我之别，令心如壁立，不偏于念空，如此长久而住，即身能与"真如"契合无间。

密宗禅法也就是藏传佛教通行的密法，大略可分为"下三部"和"无上部"两大类。"下三部"是指事部、行部、瑜珈部三类早期密法，都以修"三密相应"的观想、结手印、诵咒为主要禅功,以"净菩提心观"为修禅之基,又分所修之禅为有相、无相二种。净菩提心观,又称月轮观,净菩提心即大乘佛教所谓"真如"、佛性,密宗将其形象化,比喻为五轮满月,取其清净、圆明、皎洁之义,教人观想。观想者于面前四尺许远想有一径尺的明月,凝念观想,不令散乱,直至明月显现,然后再观此月轮逐渐扩大,乃至遍满宇宙。出定之时,还徐徐缩小如初,收回自心。三密相应的诵咒,手法本尊的"印"(手印),口诵本尊的真言,意观本尊的形相或真言梵字。如此长久观修,则修炼者的身、口、意渐会转变为本尊的身、口、意,达"即身成佛"。修禅者所诵的"真言"为一种梵文短语,其义为佛菩萨的名号、誓愿或佛教哲理的集中概括。真言还进一步概括于一个梵文字,用以代表本尊的一切,名"种子字",为诵咒时观想的主要对象。三密相应的诵咒方法颇多,大体而言,事部密法重在观想面前本尊形相;行部密法既观面前本尊,又自现为本尊;瑜珈部则重在自观成本尊形相。三部密法在入坐诵咒之初,皆强调调息令匀,诵咒与呼吸配合得当。净菩提心观和三密相应的诵咒都属有相瑜珈,直至修炼至能随意眼见所观想的本尊,咒字,谓之成就。然后返观自心,则念寂心空,自然入无相密法。只有有相与无相密法皆修炼成就,才能延长寿命乃至证得神通。若仅成就有相密法,只能产生治病的功效。

无上密法是一种非常精深的禅法,极重修身炼气,即身成就。按宁玛派说法,无上密法分为生起次第、圆满次第和大圆满法三部。

生起次第为正式修炼无上密法的准备,与下三部密法大致相同。

圆满次第以修身炼气为主,以摄全身一切气入住中脉为目的。所用方法有宝瓶气、拙火定、金刚诵等。无上密法称炼功成就,将气摄入中脉时,自入高深定境,心空念寂,自然显观自性的"光明",得到空、明、乐、无念的禅定觉受。其中以拙火定最为特别,它是吸取天地间无穷无尽的气存储于经络或脉道。修禅者入门后就能产生一种热流,贯注全身,流通于经络或脉道。最终可练到在冰天雪地赤身裸体也能抗寒，甚至裸体坐在雪中，可以使身下及周围的雪都融化。到了最高阶段会具有一种特异功能"大火三昧"。

大圆满法为宁玛派所传，其法分"彻却"、"脱噶"两步。"彻却"义为立断，不观心觅心，而放任身心，轻松自然。"脱噶"义为顿超，一般是坐修，以凝视虚空、心不分别为要。大圆满法主要是利用人的心力潜能发出信息，在宝瓶气法的配合下，解脱身体障碍。噶举派、萨迦派所传的"大手印"也属于大圆满部法。大圆满法是密法中最上乘的法门，凡修习大圆满法而有较深造诣者，一般都年寿很高而又身轻体健。这是因为平常人一生的生化过程是内气由高能谱向低能谱的流动，这种有序性的气流与生物体有序结构间的相互转化，形成人类自然衰老。气功家称之为"顺则凡"。密法促使人体内气从低能转向高能，从低频升到高频，这就是"逆则圣"的修持。有些修禅者在临终时还能以突变方式，使自己在激烈反应里，让身体结构中的每个生物分子中所贮存的内气于瞬间全部释放出来。藏传佛教称为"虹化"。

无论何种禅法流派，修禅目的都是为了进入禅定境界。凡是能够把心念系在一个目标上，控制心意在一处不乱，就是止的境界，也就是入定的基础。什么是"定"？就是心不散乱，不昏沉，惺惺而寂寂，寂寂而惺惺。也就是说，心念已寂然，但却不是死寂，所以称为惺惺。表示火熄了，但仍有火种埋在灰中。这个惺惺寂寂的境界就是"定"。换言之，"定"就是一种清晰的觉性状态，那永无止境、一个念头带出另一个念头的连锁反应过程终止了。通常这种纯粹的觉性是和我们对客观对象的感受合并在一起的，所以认不出它。我们必须透过一个对象才能够了解到自己的意识，这种纯粹的觉性是一种没有对象的直接觉知。禅定让我们直接经验那种纯粹的觉性：当概念、回忆和期待在我们心中生起的那一瞬间，就让它们融入心的清净空性中。刚开始时，为了要让意念平静下来，做一种专注的训

减心减念
有佛的智慧人生

练,把意念集中在一个外在对象上,如一尊佛像;或者集中在一个内在对象上,如慈悲的概念。这就叫"一念带万念"。后来你会达到一种平衡的状态,即透明清晰的觉性状态,客体和主体二元对立不再存在了,这一念也空掉了。念头偶尔还会在这种觉性中生起,但此时它会自动解开,不会留下任何痕迹,如同飞过天空的小鸟不会留下痕迹一样。这一专注的训练就是禅修中的定力练习。

2. 坐禅的姿势——七支坐法

禅修是有一套具体方法和技术的,坐禅是禅修的基本训练。坐禅,也称"禅坐"、"打坐"。在开始修习坐禅时,应该特别注意姿势。如果姿势不正确,养成习惯,弄得曲背弯腰,对心理和生理都有影响,并且容易成病。如果依照正确的方法和姿势修习,身体内的气机自然流行,机能也自然活泼起来,自己的心身必会得到利益。譬如说头脑清醒、耳聪目明、呼吸深沉、四肢柔畅,精力也觉充沛。什么姿势才是正确的呢?佛经上有七支坐法,非常符合生理及心理的自然法则。这种姿势,大体来说,很像胎儿在母胎中的静姿,安详而宁谧。"支"是指肢体的支撑点,也可以解释成重点,应该切实遵守。

(一)足支:双足跏趺(双盘足)。如果不能双盘,便用单盘;或把左足放在右足上面,叫做如意坐;或把右足放在左足上面,叫做金刚坐。开始习坐,单盘也不能做到时,也可以把两腿交叉架住。刚开始学的人脚很硬很痛,那是代表老化,所以要多用功,多磨炼。看电视、聊天时都要学盘腿,从 10 分钟,20、30 分钟一直加,先用单盘,左右脚轮换,再改用双盘。古代医学认为人的生机是借着气化而充实的,气的运行是循着脉的路线。这里所说的脉,并不是血管或神经,而是体内气机运行的一个有规则的线路。两足跏趺坐不但可以使气不浮,并且可以使气沉丹田,气息安宁。这样心才能静下来,气也不会乱冲乱跑,而渐渐循着各气脉流动,反归中脉。等到气脉可以回归流于中脉,达到脉解心开时,才可以妄念不生,身心两忘。这时才能进入定的境界。如果说一个人的气脉还没有安宁静止下来,而说能够入定,那是绝对不可能的事。

(二)腰脊支:脊梁直竖。使背脊每个骨节,犹如算盘子的叠竖。这样做了,当气诱发起来的时候,坐姿由侧面看过来是呈现S形的。但身体衰弱或有病的,初步不可太过拘泥直竖,更不可以过分用力。人体内的腑脏器官都是挂附于脊椎的,如果在打坐时背脊弯曲不正,五脏不能保持自然舒畅,就容易造成病痛,所以一定要竖直脊梁,然后放松,使腑脏的气脉舒泰。如果肋骨压垂,也会影响肺部收缩。所以要保持肩平和胸部舒展,使肺活量可以充分自由扩张。

(三)手支:两手心向上,把右手背平放在左手心上面,两个大拇指轻轻相抵,很自然地放在脚的上面、肚脐的下面,不要悬空。这便叫做"结手印",也叫做"三昧印"(就是定印的意思)。手印有上万种,这两个手指可以变化很多,所以养成一个习惯后,就要花点时间改回来。人体中的神经脉络,是由中枢神经向左右两方发展分布,而且是相反交叉的,所以在坐禅时,两手大拇指轻轻抵住,成一圆相,身体内左右两边气血,就有交流的作用了。

(四)肩胛支:左右两肩稍微张开,使其平整适度为止,但不要绷得太紧,架势摆出来后全身就要放松、自然。等到气充实到一定程度,背后自然而然地会挺起来;但架势绷得紧紧的,下气就上不来,就会想睡觉,或者腰部会酸痛,肩膀会僵硬,这是气不具足。

(五)头颈支:头正,后脑稍微向后收,下颚内收(不是低头),稍微压住颈部左右两条大动脉管的活动即可。我们的后脑是思虑记忆的机枢,颈部两边是动脉的路线。由于动脉的活动,能运输血液到脑部,增加脑神经活动。在打坐时,后脑稍后收,下颚略压两边的动脉,使气血的运行缓和,可以减少思虑,容易定静下来。如果头颈支姿势不对,气会堵在后脑勺靠近睡穴的地方,就会出现昏沉,也就是平常讲的禅病之一。一觉昏沉,下颚就要往下微拉,让气从背到头顶。当然,如果没有气的话,再怎么摆都没有用,想睡觉就是想睡觉,那是太累了。

(六)目支:双目微张,似闭还开,好像半开半闭地视若无睹,目光随意确定在座前七八尺处,或一丈一二尺许。心和眼是起心动念的关键,一个人看见色就会心动(听到声音也会心思散乱起来),这是先经过眼睛的机能而生的影响。如果心乱的话,眼睛也会转动不停。所以在坐禅的时候,采取两眼敛视半闭的状态,可以使散乱的心思凝止。眼睛全闭起来,没有一个可抓住的东西,就会动起心念来,心动就会乱想。如果眼睛微张,眼识意会到光,前面模模糊糊看到一些东西,但不要很用心去看,要视而不见,只用余光可以看到亮就可以了。如此能避免胡思乱想。不过,平常多用眼睛工作的人,在禅坐之初,先行闭目为佳。刚开始学坐禅的人心较乱,受不了外境的干扰,眼睛也是闭起来较好。

(七)舌支:舌头轻微舔抵上颚,犹如还未生长牙齿婴儿酣睡时的状态。两齿根唾腺间产生津液,可以帮助肠胃的消化,所以要用舌去接唾腺,以顺其自然。舌头卷起来抵住上颚顶部,下面来的气到喉结会拉动舌根,内气马上能往上冲入头内。如果舌头没有拉得很高,气堵在胃里,坐禅时就常常会打嗝。此时只要高卷起舌头,下气就会翻转上来,胃就不叫了。

七支坐法不提肛门。吾师南怀瑾先生提出,坐禅时要轻轻提肛,小腹气起,要让气先走到督脉。禅坐修行的人,丹田成形了,一定要先导气到督脉去,再接到任脉,然后再入丹田,所以会阴一定要让它通。一般人的会阴都下坠,一提肛的话,会阴部就会内缩,呈内凹的样子,没有压力,再观想命门,气就很容易通过会阴而至命门。提肛靠三分力量,七分意念。提肛一阵子不经意时就会掉下来,意会到时再提起来就好了。

坐禅还需要注意的事项：（一）坐禅的时候，必须使脑神经以及全身神经与肌肉放松，绝对不可有紧张状态。最好是微带笑容，因为人在笑时，神经自然会全部放松。（二）初学坐禅者，不可以吃过饭就坐，以免妨碍消化。同时也不能在肚子饿时坐，以免分散心神。（三）坐禅时空气必须流通，但是不能让风直接吹到身上。（四）坐禅时光线不能太暗，否则容易昏沉；光线也不能太强，否则容易紧张。（五）气候凉的时候，要把两膝和后脑包裹暖和，即使热天打坐，亦不可使膝盖裸露。（六）初学坐禅不要勉强坐太久，以时间短、次数多为原则。（七）无论初习或久习，坐处必须使臀部垫高二三寸，初习坐禅的人，两腿生硬，可以垫高四五寸，日久可以渐渐减低。如臀部不垫高，身体重心必定后仰，使气脉阻塞，劳而无功。（八）坐禅时应将裤带、领带、手表、眼镜等一切束缚身体的东西一律松开，使身体松弛，完全休息。（九）下坐时，用两手揉搓发热，然后轻摩面部及两脚，使气血活动后再离座。离座后站立片刻，再做适度运动。

3. 初修禅定入门方法——数息法

姿势摆正了，就可以开始修禅。人的眼、耳、鼻、舌、身、意六根之中，任意选取一种，把心缘系于选定的这一根，渐渐练习纯熟，都可以达到"初止境"。但每一根尘都可以产生许多不同的差别法门。佛经上说有八万四千法门。究竟由何入手？每人的性格、习惯和喜爱都不同，就是说根器各不相同，所以一定要选择能适合自己的法门，才能依这个法门去修习。在《楞严经》中有二十五位菩萨圆通法门，已包括了大多数的方法。所有这一切方法，开始都是为了使意念静止，进而入定。

在现代社会，大多数人思虑太多，心思散乱，所以从观察鼻息入门，依息而制心，比较容易收效。这个法门就是数息法，佛经上也称"安那般那法"或"安般守意法"。"数"即数数字；"息"指人的鼻息、气息。修数息法，是将心念拴在气息与数字上,藉以停止心念的迁流与昏暗。在开始修禅时,往往不是散乱,就是昏沉,或者是一会儿散乱,一会儿昏沉。其实,我们天天都是这样,一辈子都是这样,不过自己不知道罢了。心念粗就是散乱,心念较细的散乱称为"掉举"。坐禅时妄想纷飞,满脑子都是思想、联想、回忆、攀缘等,不能够制心一处,这就是粗散乱。如果心念不大散乱,似乎已经系住一缘,但仍有些比较细微的妄念,好像游丝灰尘一样往来,这就叫做掉举。心念似乎在寂寂的状态,但既不能系心于一缘,也不起粗的妄想,只有一种昏昏迷迷,甚至无身无心的感觉,这就是昏沉。采用数息法可将此诸病态去除,使人心智清明,进而达到禅定境界。

数息的方法,在入坐调整身体姿势后,闭嘴,始终用鼻呼吸,先由鼻孔自然吸气至腹部,再将腹中浊气徐徐吐出,如是反复三次,调匀气息。若气息有三种病相,皆不可开始数息:(一)喘相:即出入息很不顺畅,而形成上气不接下气的喘相。(二)风相:出入息如打铁之风箱,进出作声。(三)气相:气息虽无声,亦不结滞,但出入不微细、均匀。应先调治此三种病相,使气息通畅、无声、微细、均匀,再修数息。在数息时,应当让呼吸保持在平时的自然正常状态,不要试图加快或放慢速度,以免揠苗助长,反受其害。数出息或入息皆可,然以数出息较佳;但不可出入息同时并数,否则易导致腹中气结。数息应轻松自在,一心专注在出入息上,随着每次出息默数"一、二、三、四、五、六、七、八、九、十",字字不断,绵绵相续,不可夹杂,错落不清。若两个数字之间因妄想而间断,则从头再数。从一数到十,再从十数到一,如此反复。数息要数整息,体会一口气有多长,吸气吸满,随后一口气呼尽时才数一。数息时,在一数一,在二数二,不要将次数拉太长。如果太长,入出两次才数一,混乱及干扰便会产生;但次数太少,呼吸一次当二次在数,就无法得"止"。每天修数息法的次数应当自然渐进。第一天时做短时间的数息,第二天延长一些,一天一天修持,直到一天修十座(每座数息十回,一呼一吸为一回)。

数息时已无杂念,即为成功,当转入"随息",不再数数字,而是随时知道呼吸的轻微变化而无杂念。等到随息成功,自然进入"止息",呼吸似乎渐渐停止,全身每个细胞都充满能量而发出暖乐感受。此刻,不贪恋身体的乐感,不起杂念,也不昏沉,在宁定中自会知道万事万物皆如呼吸一样无常。放下一切执著,放下身心,还归虚空,清净自在。这整个过程就是天台宗提倡的"六妙门"——数、随、止、观、还、净。

在坐禅时,最初妄念特别多,比平时还多,这是一种进步现象,所以不必焦虑。因为普通人的妄念只有在修禅有了起步后才能觉察出来。这就像把明矾放进浑水时,看见水中浊渣下降,才知水中原有渣滓;又好像透过门缝中的阳光,才会看见空中的灰尘飞动。水中的渣滓和空中的灰尘都是原来就有的,只是平时不曾察觉,而在某种情况下就很容易显示出来。妄念在坐禅时似乎更多,其实自己本来就有许多妄想,只是在心静时才会发现。如果妄念乱心来了,你试图去阻止的话,就会发现非常困难。你的妄念就像是从悬崖上狂泻的瀑布,根本挡不住。对待妄念乱心只能像对待往来的路人一样,不迎不拒,路人自然会渐渐散去,妄意乱心也就慢慢地停止了。

当散乱昏沉没有了,忽然在一念之间,心很宁静,不动不摇,这时会渐渐产生轻安的现象。有人是从头顶上开始,有人则是从脚心发起。从头顶上开始的人,只感觉头顶上一阵清凉,如醍醐灌顶,有的会遍贯全身,心念在止境,身体也感觉轻软,好像连骨头都融化了。这时身体自然挺直,好像一棵松树。心念及所缘的外境,都历历分明,十分清晰,也没有任何动静或昏沉散乱的现象。到了这个轻安的境界,自然喜悦无量,不过,时间或久或短,轻安现象还是容易消失的。另一种从脚心开始的,先感觉暖或凉,渐渐上升到头顶,好像穿过了天空一样,从足下开始的轻安,比自顶上开始的更容易保持。如果继续努力修习,会发现在不知不觉中轻安的现象变得淡薄了。事实上,这并不表示轻安消失了,而是因为长久在轻安

减心减念

有佛的智慧人生

中，不像初得轻安时那么明显而已。就好像吃惯了一种美味，再吃就不会像头一次那样新奇了。但我们不能贪图轻安，停留在这个境界上，而是要继续用功，不要间断。此外，在妄念将停止时，自心忽然会感到自己将要进入止的境界了，自心的这种感受又是一个妄念。这一妄念停止时，新的妄念又生，这样周而复始，妄念来来去去，就很难达到止的境界了。因此，在修禅时，最好不要认为自己是在修止修定，待止的境界来到时，不要执著想要得止入定，反而可以渐渐入于定境。

入定后，心就像风平浪静的大海。妄念的涟漪偶尔会吹过它的表层，但是心的深层永远不被干扰。此时还自觉有身体手足，名"欲界定"。欲界定工夫转深，忽然身心虚豁，不见头手床座，心如虚空，名"欲界未到地定"。更进一步即深入到"色界四禅"，在佛教上亦称"根本四禅"。"欲界未到地定"工夫转深，以空寂之中，渐渐自觉有身，如云如影，自然随生起动、痒、凉、暖、轻、重、涩、滑八种感觉，称"八触"。八触起来时有定、空、明净等从未曾受过的快感随生，尤以清凉之乐为第一，好像大热天跳进清凉水中，这就是"初禅"。初禅工夫再进，舍离了身体上所生八触之乐，但内心自然生起光明恬淡的喜悦，好像从暗室中出来一下子看见光明，这就是"二禅"。得二禅者舍弃其喜悦之心继续用功，乐从内心而发，如泉水涌流不绝，其心澄清明静，其乐遍满全身每一毛孔，这就是"三禅"。最后，舍弃其乐而继续用功进入"四禅"，此时身心无苦乐的扰动，虽历境处事而定心不乱，动静如一。佛教认为在第四禅定心上追求出世之道容易成就，故又称其为"世间真实禅定"。

第五章

佛教的道德观

1.诸恶莫作　诸善奉行

《阿含经》里有一句偈语:"诸恶莫作,诸善奉行,自净其意,是诸佛教。"这里把佛教解释成一种劝人止恶扬善的宗教,可见关于善恶的道德评价在佛教中的重要地位。佛教为什么这样重视它的道德原则? 这与它对人生、宇宙的基本看法有关。我们前面已经说过,佛教是以缘起论观点来解释人生和宇宙一切现象的,它的道德当然也是以缘起论为出发点的。宇宙间一切现象和事物的产生和消灭,都离不开因果关系。佛经上有"此有故彼有,此无故彼无,此生故彼生,此灭故彼灭"的公式,说明了事物之间在时空两个方面的相互依存关系。对人类来说,在六道轮回中,为什么能降生人间? 为什么有的人生得意,有的命运坎坷? 这也不是偶然的,而是前世因缘所定。前世造业,今世受报,今世造业,来世受报。《无量寿经》说:"世间诸众生类,欲为众恶,不知为善,后受殃罚,故有穷乞、孤独、聋盲、喑哑、痴恶、癫狂,皆因前世不信道德,不肯为善。其有尊贵、豪富、贤明、长者、智勇、才达,皆由宿世慈孝修善积德所致。世间有此目前现事。寿终之后,入其幽冥,转生受身,改形易道,故在泥犁、禽兽、蛹飞、蠕动之属,譬如世法牢狱、剧苦极刑、魂神命精、随罪趋向。所受寿命,或长或短,相从共生,更相报偿,殃恶未尽,终不得离,辗转其中,累劫难出,难得解脱,痛不可言。天地之间,自然有是,虽不即时报应,善恶会当归之。"

业,包括身业、语业、意业,按其性质则又分为善业、恶业和无记业。

能感召有益于众生身心结果的是善业;反之则是恶业。无益也无害的则是无记,也就是非善非恶的业。最重要的是善、恶二业,所谓"善有善报,恶有恶报"就是这个意思。造业必然产生果报,业力千差万别,其所招感的结果也大别迥异。概括起来,则无非是有漏和无漏二果。"漏"是烦恼的意思,有漏是指因烦恼而生死流转,无漏是指断除烦恼而解脱生死流转。有漏果是由有漏业因所招的果报。有漏因分善、恶、无记三类,善法招乐果,如众生在六道轮回中得人、天福报。恶法招苦果,如众生在六道轮回中得畜生、地狱果报。无漏果是由无漏善业因所招的果报,如成就阿罗汉、菩萨和佛。无漏善业是极善业,故可以转生净土。造极恶业的则会转生无间地狱。今世的祸福苦乐都是前世造业,很难改变。但来世的命运都要由现在的"业"——人们的所作所为来决定。人们要在来世得到好的报应,不再受苦受难,以至于超脱生死轮回,断除人生痛苦的根源,只有"诸恶莫作,诸善奉行",也就是发扬佛教道德。

千百年来,佛教因果报应的思想深入中国百姓的人心,维系着社会的道德。民风淳厚,童叟无欺,扶危济贫,乡里和谐,靠的不是严刑峻法,而是因为人们深信"善有善报,恶有恶报"。到了眼前这个现代社会,官场贪腐成风,社会作奸犯科,假药、假酒、假烟、毒米、毒面、毒奶粉比比皆是。国家不断立法,但法不罚众。原因何在? 有道德标准,没有道德力量。因此,止恶扬善,还需从净化人心、重建人的道德信仰入手。

那么,什么是善? 什么是恶呢? 对此,不同时代、不同文化和宗教背景的人有着不同的看法。例如,尼采认为,善恶标准不是人去发现的,而是人去制定的。人的意志就是善恶标准,凡是我所愿意做的就是善,就是道德。杜威、胡适等实用主义者认为,只要行得通就是善,行不通就是恶。亚里士多德认为,只要是能够使人达到目的的行为,就是善行,否则就是恶行。伊壁鸠鲁认为,能在精神上给人们带来快乐的是善行,相反则是恶。中国的儒家则认为,善就是符合人的良知,良知泯灭则为恶。总之,他们都有一个共同点，只要和他们的人生观、宇宙观相符合的思想言行，就被认为是善；反之，则被认为是恶。佛教的善恶观同样如此。佛教认为善就是"顺益"，"顺"就是"顺理"、"顺体"，也就是一切思想言行要符合佛法，符合佛教对人生和宇宙的看法。以佛法来指导自己的人生。《菩萨璎珞经》说，一切众生"顺第一谛（即佛教发现的真理）起名为善，背第一谛起名为恶"。《大乘法义章》也说："顺理为善，违理为恶。"《成唯识论》说："以顺益此世他世之有漏无漏行为为善，反之为恶。""益"，即一切思想言行要有益于佛教的修行实践，有益于向人生解脱的境界迈进。总之，佛教对于善恶的判断标准是基于对宇宙人生真谛的态度。所以，佛教一般把信奉其教的男女信众称为"善男子"、"善女人"或"善知识"。

佛教从其对人生和宇宙的基本观点出发，对善恶观进行了更深入的阐发。他们认为善恶又可分为三个不同的层次。

第一，以顺益为善，以违损为恶。也就是从众生所得果报来判断善恶。所作所为能够得到人、天以上果报的都属于善行，而我们今世能成人，即前世行善的结果。因此，每个人本身就是善的体现。佛教并不像人们通常误解的那样，似乎是完全否定人生的。恰巧相反，虽然它认为人生即是苦难，但既已为人，就要积极地走完人生的道路。因为人格的完善是成佛的准备。人生好比一部升降机，可上可下，要想成佛，首先要把人做好。人天福果，对今世来说虽是善的果报，但它仍未脱离轮回，来世堕于何道尚未可逆料。因此，这种善仍不能算作真正的善。同样，地狱、饿鬼、畜生的恶报，也不能算作真正的恶。这一层次上的善恶仍是表面的、无常的。

第二，以顺理为善，以违理为恶。也就是从众生所作所为是否符合佛教揭示的人生、宇宙真谛来判断善恶。如果认为只要做好人，行好事就是善，那么这种善还是盲目的。善还要有一定的目的，一定的方向。假如为了来世受善报，或者现世求名利去做种种好事，行种种善行，那不是真正的善，因为违背了佛法。按照佛教"诸行无常，诸法无我"的道理，就不能执著于自我，也不能被现实世界的种种现象所迷惑，执著于万物实有。一切外在之物都是虚幻的，只有本性即佛性是永恒的，善应该是自己怜悯心和慈悲心的自觉流露，而不应该是一种外在的追求。"有心为善，虽善不赏"，为行善而去行善，仍然是没有抹去悟性上的污染物，仍然没有超脱人生，仍然不可到达涅槃之境。就拿佛教善行之首——布施来说，也有真布施与假布施、菩萨布施与凡夫布施的区别。《优婆塞戒经》说："智人行施，不为报恩，不为求事，不为护惜悭贪之人，不为生天人中受乐，不为善名流布于外，不为畏怖三恶道苦，不为他求，不为胜地，不为失财，不以多有，不为不用，不为家法，不为亲近。""施时不求内外果报，不观福田非福田，施一切财，心不吝惜，不择时节。"如果施财而求所报，期待功德，期待报酬，或者希望受施者感恩戴德，或者希望善名远扬，或者希望为自己的恶行赎罪，或者希望来世能永享富贵荣华，带着这样一些功利性的目的去布施，就是假布施、凡夫的布施。相反，真正的布施，菩萨的布施，应该是空掉对布施者、受施者、所施物这三者的执著，也就是忘掉自己，忘掉受者，忘掉施物，做到"三轮体空"，才称得上真正的善行。对我们每个人来说，做好人，行好事，一方面是为了有益于他人，有益于社会；另一方面也是为了自我人格的完善。倘若出于沽名钓誉、笼络人心的目的，或者带着"吃小亏，占大便宜"的心态去行善，那不过是一个伪君子。

第三，以体顺为善，以体违为恶。这是理想境界中的善。这里的"体"是指真如自体，也就是佛性，就是指理智、情感、能力同时达到最圆满境地的人格。这时候，自体所行无不符合人生的真谛，一切所作所为都是伟大觉悟心和同情心的自觉流露。这才是真正的善，理想的善。只有佛，只有涅槃之境的善才是完美的，至善的。

佛教把止恶扬善的道德观建立在自尊、如法、利生的基础之上，认为只有在崇高理想和忘我精神的启导下，人们才能够自觉地实践一切行善的德行。自尊就是确信自己能够成佛,人人都可成佛。按照佛经上的说法,就是"心佛众生,三无差别",佛与众生的区别也只在一念之间。人总得有点精神,唯有能唤起自尊心,保持自尊心的人,才能努力向上,积极进取。因此,一个人的垮台总是从自身的精神崩溃,自尊心的失落开始的。一个丧失了自尊心的人,他身上所有的灵气、才气和锐气也迟早会消退。许多人处于逆境而仍能有所作为,证明一个人只要始终保持那股不可战胜的激情,即使沦落到社会的最底层,被剥夺了学习、工作和生活的基本权利,但他也终会有重新崛起的一天。所以说不甘落后,不自暴自弃,是促成道德完善的主要力量。如法就是要顺应真理而行。做人要有一个起码的道德信念,这个道德信念是与一个人的人生观相联系的。这个人生观必须置于洞察人生与宇宙真谛的基础上。一切随波逐流、及时行乐的人生观都是由对人生和宇宙真谛的无知引起的。在这种人生观的引导下去处世,必然招致道德的沦丧。所以,知世明理是道德完善的前提。利生就是道德行为要以符合大多数人的利益为准则,要尊重社会的公共利益。凡是能够给社会上大多数人带来福利的事情,就应该积极去做。在道德实践中,这三者缺一不可,不能偏废。如果过分强调自尊,就会唯我独尊,我行我素;如果过分强调如法,就会脱离实际,脱离生活,在牛角尖里钻不出来;如果过分强调利生,也会造成人云亦云、庸庸碌碌的结果。因此,只有三者并重,才能成就完善圆满的道德。

在佛教里,善恶行为的道德内容,主要分为两个方面:一是表现在自我修持的要求方面,一是表现在对待众生的态度方面。大乘佛教唯识学派把自我修持的要求称为"自性善",指出自性善有 11 种,对善的心理活动作了具体分析。它们是信、惭、愧、无贪、无瞋、无痴、精进、轻安、不放逸、行舍、不害。"信"就是信念,对佛法深信不疑。具体来说,就是对佛、法、僧三宝具有的清净功德深信其有,且深信自己和他人只要肯精进努力,都能在修习上获得成就。释迦牟尼认为,只要心净不乱,心信不疑,一

减心减念
有佛的智慧人生

意去追求人生真谛,便能通佛性,可得无量福德。换句通俗的话说,也就是"心诚则灵"。因此,《华严经》上说:"信为道元功德母,增长一切诸善法,除灭一切诸疑惑,示现开发无上道。"坚定的信仰是佛教徒在自我修持方面最起码的要求。

"惭"是对自己而言,"愧"是对他人而言。对自己所造的恶业,所犯的过失,在内心感到羞耻,从而产生防止重犯的心理作用,称为惭;对自己所造的恶业,所犯的过失,在他人面前感到羞耻,感到对不起人,从而产生不再重犯的心理作用,称为愧。《大乘义章》说的"于恶自厌名惭,于过羞他为愧",也就是这个意思。人非圣贤,孰能无过?但有了过失一定要自我检讨。佛教认为自我检讨的依据:一是佛法,也就是佛教的道德力量;一是世间力,也就是因害怕法律惩罚和舆论谴责而产生去恶从善的力量。

"无贪"、"无瞋"、"无痴"是针对贪、瞋、痴"三毒"提出的。贪、瞋、痴是诸烦恼中最能毒害人们身心的,又是产生其他烦恼的根本。对治"三毒"的无贪、无瞋、无痴则是产生各种善行的根本,因此被称为"三善根"。无贪,就是要求人们不贪求,不仅不能有过分贪求的欲望,而且对现实世界的一切都不贪爱执著。无瞋,就是要求人们忍辱负重,对于人生的种种苦难和不合理的现象,不能发怒,不能产生仇恨埋怨情绪。无痴,就是领悟人生和宇宙的真谛,不被种种妄念邪见所迷惑。

"精进"和"不放逸",则是自我修持应取的态度。精进,锐意进取,勇往直前,不断地修善断恶。不放逸,一心专注于修持善法,对自己丝毫都不放纵。这种锲而不舍、努力前进的精神是弥足珍贵的美德。"轻安"和"行舍",是对人们内心修养的要求。轻安,使身心轻适安稳。行舍,随时放下执迷,不为各种假象所吸引,保持心理平衡。"不害",也就是慈悲为怀,不伤害众生。这也是对待他人、对待社会以至对待一切生命应有的态度。

佛教不但对善的内容作了阐发,同时也具体说明了恶的内容。佛教认为一切与生命的本来状态相对立的思想活动和欲求情绪,是产生痛苦的直接根源,生死轮回的根本原因。所以佛教把这些思想活动和欲求称为烦恼。烦恼即是恶。根本的烦恼有六种:贪、瞋、痴、慢、疑、恶见。贪、瞋、痴"三毒",前面已有分析,这里不再重复。"慢",是倚己之长,傲慢自负。傲慢是一种容易导致恶报的心理活动。"疑",是指对佛法表示怀疑,直接违背了信的善行,因而也被认为是根本烦恼之一。"恶见",是指对佛法的错误理解,包括执著自我实有的"我见";执著片面极端见解的"边见";否定因果报应的"邪见";执著错误见解又自以为正确无误的"见取见";将错误的戒律当作可以引导达到涅槃的正确戒律的"戒禁取见"。恶见阻碍了人们对真理的正确认识,因而也是一种根本烦恼。从根本烦恼上还会随带产生一些烦恼,称为"随烦恼"。具体可分为二十种:忿,即暴怒;恨,即怨恨;恼,即恼怒;覆,即隐蔽遮盖自己过失恶业的心理;诳,欺骗他人的行为;谄,阿谀奉承,奴颜媚骨;憍,骄矜自恃,倨傲凌人;害,损人之心;嫉,嫉妒;悭,吝啬;无惭;无愧;不信,即不相信佛、法、僧三宝;懈怠,即懒惰、不努力;放逸,即散漫放荡;惛沉,即昏沉蒙昧的精神状态;掉举,即令心不静的微细杂念;失念,即善忘;不正知,即不能正确观察事物;散乱,即心思不能专注集中。这20种随烦恼都阻碍人们获得解脱,因而都被认做恶行。

减心减念
有佛的智慧人生
074

2. 慈悲为本　普度众生

佛教的道德标准,不但体现在自我修持方面,还贯穿在处理人与人之间关系的准则之中。凡对他人有利的就是善,不利的就是恶。具体来说,对自对他都有利的是善;对己不利,但对他人有利的是大善;对自对他都不利的是恶;对己有利而对他人不利的是大恶。总而言之,佛教道德是以利他为归趣的。这种利他主义的道德观,在佛教上称为慈悲心、慈悲行、慈悲精神、慈悲为本。也就是说,这种慈悲精神渗透在整个佛教教义之中。《观无量寿经》上说:"佛心者大慈悲是"。故而人们也把佛教称为慈悲的宗教。

慈悲,一般可以解释为"怜爱"、"怜悯"、"同情"等意思。在梵文里,"慈"与"悲"原本是分开的,"慈"是给人快乐,"悲"是解除人的痛苦。把"慈"与"悲"合起来意译就是"拔苦予乐"。《大智度论》上说:"大慈予一切众生乐,大悲拔一切众生苦。""大慈以喜乐因缘予众生,大悲以离苦因缘予众生。"慈心是希望他人得到快乐,慈行是帮助他人得到快乐。悲心是希望他人解除痛苦,悲行是帮助他人解除痛苦。要帮助他人得到快乐,就应该把他人的快乐,视同自己的快乐;要帮助他人解除痛苦,就应该把他人的痛苦,视同自己的痛苦。这就是佛教提倡的"无缘大慈,同体大悲"。只有把他人痛苦的呻吟,作为自己内心的痛苦去接受,在这种感同身受的基础上来根除痛苦,才能帮助他人拔除潜伏于生命之中苦的根源。否则就不能产生对他人的关怀,也不可能有根除痛苦的实践。这种活动需要有相当发达的高级智能活动所产生的想象力,所以对其他个体的痛苦而感到强烈的痛苦,这是人的一个特质。生物的智能越是低下,对其他个体的痛苦和死亡也就越是漠不关心。同情是慈悲最基本的前提,也是构成完善人格最基本的要素。失去了同情心,对他人的痛苦麻木不仁,甚至幸灾乐祸,也就失去了为人之道。我们通常说那些凶徒惨无人道、灭绝人性,指的就是这个意思。人类有了同情心,才有可能建立起社会的集体的连带关系,这是人与其他生物不同之处。"拔苦"的目的还是要"予乐",即给人以快乐。

任何生命都把保护自己的生存当做至高无上的目的,这是生命世界的原则。老鹰有一双特别锐利的眼睛和爪子,以为其求生的工具。刺猬浑身都是刺,乌龟长出硬壳来自卫。可见肉体的一切机能都是为维持生命而产生的。并且,心灵活动也是为了能够本能地逃脱对生命的威胁,甚至是为了能够事先觉察并逃避这种危险而巧妙地形成的。极端地说，维护自身存在与发展的利己主义，乃是反映了身心先天所具有的机能。从这一点考虑，利他主义的慈悲精神似乎是相反的行为。其实不然，慈悲也是生命本来具有的活动。只是与利己的本能为保存个体相反，它是为了保存一定的种属而产生的机能。慈悲也可叫做爱的纯粹化，例如母亲对子女的爱，这种爱便是维护种属的利他主义的爱。佛同众生的关系便犹如"母与子"的关系。只有建立一种带实感的认识，认识到所有的人在真正意义上都是"自己的孩子"，都是"我的兄弟姐妹"，人们才会在必要时抛弃自己的幸福，甚至乐于舍弃自己生存的权利。无数的父母为了保护自己的孩子而牺牲自己的生命，也有无数的人为了拯救素不相识的人而奋不顾身，这是因为他们有一颗伟大的慈悲心。

有位当代佛教大师说过：真正的慈悲也称为"理智的爱"。平凡的爱，总是与欲望和执著牵扯在一起。执著的爱是有限而又不稳定的，而且基于对对方的想象。譬如，有一位美女出现了，你希望她能属于你，这种爱是根源于幻觉。一旦情况改变，她拒绝了你的求爱，态度也就跟着改变。今天你陷入爱河中，明天却可能充满敌意。有了真正的慈悲心，你能够看见他人的痛苦，你的爱随之而起。怀抱着这种爱，你能面对他人的痛苦，激发出同情、善心或舍己利人的美德。慈悲是一种无限的、绝对的、无条件的爱。慈悲并不因为"他人是你的朋友，你才希望他们脱离痛苦"。真正的慈悲甚至扩充到包容敌人，因为慈悲来自看见其他生命的苦痛，其中包括你的敌人。当你看见敌人受苦，即使他们曾经伤害过你，你都能发出真正的慈悲心。慈悲不仅在于人间，而且被及一切有生命之物，大者至于禽兽，小者及于显微镜也看不见的微生物，乃至无情草木。因为在佛教的观点来看，一切人类与众生同具佛性，一律平等。由于这一项基本的了然，佛教遂把它的爱无限地扩展开去。由于这一项根本的了然，释迦牟尼佛才会觉得众生不成佛，是自己的不够圆满，从而立下普

减心减念
有佛的智慧人生

度众生的誓愿。

佛教不是把人类的起源归结为神的创造，而是从现实中的生命现象所遵循的因果法则这一事实加以推断。说明人与人的关系、人与社会的关系、人与自然的关系，都是互相依存的，形成了互相依赖的宇宙之网。每一个人都是网上的一环，每一环都不能脱离整个网络而独存。一事物是一切事物的缘，一切事物又是一事物的缘。就个人来说，一切人、一切物，乃至整个宇宙整体，都是个人依存的缘。比如，喝一口水，倒水的人、烧水的人，水厂、铁厂、电厂、磁厂的人，乃至和他们生活有关的人，都和这口水有关系。其影响的范围可以遍及全世界。就世界来说，一个人又是一切人、一切物乃至宇宙整体的缘。因此，个人的一呼一吸与一切人是息息相关、休戚与共的。佛教的道德关系就是建立在这种互相依赖的宇宙网络之上，认为自他是相互依赖而存在的，害人等于害己。反过来说，能令别人离苦得乐，也等于自己离苦得乐。

这是从横的方面，运用缘起论观点看待自他关系。倘若从纵的方面看，按照三世因果的说法，地狱、饿鬼、畜生、阿修罗、人、天界在六道轮回中生死流转，不但素不相识的人可能在前世是你的亲人，而且鸟兽鱼虫也可能是你的父母兄弟。《梵网经》说："一切男子是我父，一切女子是我母。我生生无不从之受生，故六道众生皆是我父母。而杀而食者，即杀我父母，亦杀我故身。"《楞伽经》也说："我观众生轮回六道，同在生死，共相生育，迭为父母兄弟姐妹，若男若女，中表内外，六亲眷属。"一切众生互为父母兄弟姐妹，皆是六亲眷属。这种思想就是主张同情、平等、和平的思想，因为一切众生都与自己是密切关系，所以必须以一切众生为缘。佛教认为，只有依赖众生的帮助才能成佛。《华严经》有一切众生为树根，诸佛菩萨为花果的比喻。众生与佛的关系可以归结为三条：（一）先有众生后有诸佛；（二）佛是众生培育出来的；（三）佛是众生中的杰出代表。这就与其他宗教把教主奉为救世主的做法有显著区别。成佛是人们在造福社会、利益人群中取得的成就。成佛后，就应当永远活在人间，利乐一切众生，救济一切众生，为普度众生而自我牺牲，奋斗不已。普度众生，拯救全人类脱离生死苦海，这是佛教慈悲善行的极致。对于一个佛教徒来说，倘若只求自利，只求一己的解脱，那是远远不够的，应该弘扬大乘菩萨行。"菩萨"，梵文的原话是"菩提萨埵"。"菩提"是觉悟的意思；"萨埵"就是有情，泛指一切有情有识的众生。中国人喜欢简略，在译音时，省去了"提"和"埵"，简称"菩萨"，翻译成汉语就是"觉有情"。觉有情，从自利的方面说，是有觉悟的修行者；从利他方面说，是要度化一切众生令其觉悟的努力精进者。菩萨是佛在人间的代表，他对一切众生伸出慈爱之手，解苦恼者三忧，施贫困者所需，予患病者以药。传说中的观世音就是大慈大悲能循声救难的菩萨。

菩萨行要自觉觉他，自利利他，上求佛道是自利，下化众生是利他。但只有舍己利人，拔苦予乐才能证得涅槃，成就佛果，所以核心还是利他。在利益众生的工作中，要求具有难行能行、难舍能舍、难忍能忍的自我牺牲精神。所谓难行能行，就是说一般人做不到的事情，菩萨能做到：为度众生，纵使经历千难万险，荆棘重重，也能吃苦耐劳，不退初心。比如，一般人都对地狱充满恐惧，但地藏菩萨却自愿置身于地狱等险难处，救恶道众生而赎其罪。他为此立下了"地狱未空，誓不成佛，众生度尽，方证菩提"的宏愿。所谓难舍能舍，就是说一般人舍不得的东西，菩萨都能舍得。比如，佛经上记载，须大拏太子不仅奉献了自己的国家、田园、妻子、奴仆，甚至连自身的四肢五脏也分割给了别人。又说有一名佛教徒为了慈悲救生，竟舍身喂虎。所谓难忍能忍，就是说一般人忍受不了的事情，菩萨都能忍受。《金刚经》说，忍辱仙人被歌利王割截身体，节节肢解，"将头临白刃，犹如斩春风"，为利众生故，毫无瞋心。如果说，佛还有些虚无缥缈、高不可攀的话，那么菩萨无疑是大乘佛教为人类树立的一个更为切近的道德理想人格。

3. 自利利他的道德实践

佛教的道德实践要求每个人有自利、利他两个方面。自利即个人行为的道德规范，奉行五戒、十善以净化自己的思想；利他即社会道德规范，广修四摄、六度以利益人群。这两个方面如鸟之二翼、车之二轮，缺一不可。专注自利，不愿利他，违背了佛教慈悲精神。但是有他无己，己未利而侈谈利他，又岂能取信于人？正如《阿含经》所说："自己没溺，复欲渡人者，终无此理。自不没溺，便能渡人，可有此理。"

五戒即不杀生、不偷盗、不邪淫、不妄语、不饮酒。不杀生，不但指不杀人，也指不杀鸟兽虫蚁，指对一切生命的尊重。不仅是禽兽，对草木也是如此，草木同我们一样是有生命的。"山川草木，悉皆成佛"的思想，也是佛教慈悲精神的反映，故不乱折草木也是佛教不杀生戒的内容。按照《梵网经》的说法，所谓杀，不仅是指自己动手杀，叫人杀、谋杀、咒杀、对杀感到高兴，都同杀是一回事。这里对一切有生命者不得故杀，是指没有应杀理由的故杀。而对于社会有害的东西，虽然觉得可怜，但非杀不可，如害虫害鼠，如恶贯满盈的罪犯留在世上会给更多的人带来苦难，杀了反而是有慈悲之心。战争是大批杀人，因此参加反对战争的和平运动就是佛教徒的职责。但世界上的战争也有正义与非正义之分。反对侵略，制止恐怖主义，维护国家和民族生存权利的正义战争就不能一概反对。

不偷盗，对公共财物或私人财物，小至一针一草，不得不予而取。或窃取、或诈取、或夺取，乃至偷税漏税、无票乘车、冒名顶替、贪污受贿等都是违反这条戒律的，都不应做。戒盗不但指不自盗，也指不教唆他人盗窃，不包庇他人的盗窃行为，不对盗窃行为表示赞赏等。不邪淫，对在家居士只是禁止发生不正当的性关系；对出家僧尼则禁止结婚，禁止任何性生活，甚至禁止僧人碰妇女的身体、在妇女面前袒胸露腿。不妄语，妄语有四类：一是妄言，指口是心非，欺诳不实；二是绮语，指花言巧语，油嘴滑舌；三是恶口，指辱骂诽谤，恶语伤人；四是两舌，指搬弄是非，挑拨离间。还有一种大妄语，如凡夫自称圣人，说我已证得罗汉等，其罪极重，更不应犯。另有一种方便妄语，即为救人急难，护他生命，方便权巧，说了假话。如佛经上有一则故事说：在某个镇上有一户人家，住着一对夫妇和他们的孩子。有一天，当父亲外出回家时，看见家中正冒着浓浓黑烟。他吃惊之余，立刻大声叫孩子们。可孩子们贪玩浑然不觉大灾来临，仍然留在屋内。为了孩子们的安全，这位忧心如焚的父亲再度大叫"孩子们，我这里有很新奇的玩具，快出来拿。"孩子们一听到玩具便立刻奔出熊熊燃烧的屋子，因而免除了一场不幸的灾难。这种善意的谎言，则不算犯戒。如果只是为了方便自己，说假话，打妄语，应立刻忏悔，不可再犯。不饮酒是佛教特殊的规定。佛陀起初并未禁止弟子饮酒，后来因有比丘醉后乱性而制酒戒。佛教立足于启迪每个人的自性觉悟，饮酒则易使人昏沉，迷了心窍，伤害身体，丧失理智，易出事故，犯法丧生。因此，佛教规定不饮酒，以随时保持心神的宁静状态。总之，受持五戒可以使人们的生活合理化，养成个人仁慈诚实的道德质量，增进社会安定因素。

十善是五戒的展开，从行为、语言、思想三个方面，止十恶而行十善。在行为方面：第一，不杀生而行放生、救生、护生。对人类应当常行救死扶伤，敬老怜贫，保护幼儿，帮助残废，救人急难，调解纠纷以及对一切社会福利、公益慈善、维护和平等事业都要当仁不让，见义勇为。传说释迦牟尼有一次看见一个僧人身患恶疾，污秽不堪，躺在地上。他亲自为病僧洗涤干净，扶他睡到床上。然后召集僧众说："僧人们，你们没有父母照料，如果不彼此互相照顾，谁来照顾你们呢？凡是肯侍候我的人都应该看护病人。"从此，对贫病孤寡的救护成为佛教传统。在我国，自唐代起就开始设置悲田院和养病坊两种救济机构。悲田院收容孤儿寡老，养病坊则收容病患，它们都是由僧尼经营管理。许多佛教徒还积极参加植树造林，筑路开道，掘井架桥等社会公益事业，这都是利乐众生的道德实践。然而，现在很多寺院僧侣把精力全都放在盖庙子、做法事、化缘敛财上面，不愿造福社会，救苦济难，以致社会大众对佛教的观感越来越差。这是与佛教传统背道而驰的行为。第二，不偷盗而行施舍，如缺衣施衣，缺食施食，求财送财，求法说法。又如看到盲人搀一把，看到跛子扶一把，人在急难帮一下，人在迷途送一程，老人跌倒扶他起来，见到寻短见的设法挽救，需要帮助的人为他出点力，做点事。乐善好施，见义勇为，出钱出力，舍己利人，在佛教上都是功德无量的好事。第三，不邪淫而行梵行，出家人应全断淫欲，在家居士除正式夫妻外，不乱搞男女关系。依戒修行，看经念佛，自净其意，洁身自好，孝养父母，亲近良师，远离恶友，这就是所谓的梵行。

在语言方面：第四，不妄言而说实话。《金刚经》上说："如来是真语者，实语者，如语者，不诳语者，不异语者。"也就是应该说实话、心里话，不说空话、假话，不混淆是非，不颠倒真理。第五，不绮语而说真话。《法华经》上说："若欲说此经，当舍嫉、恚、慢、谄、邪、伪心，常修质直行。"佛教徒常说，"直心是道场"，也就是要人们存真心，说真话，语言朴实，直言不讳。任何花言巧语，哄人骗人都是不足取的。第六，不两舌而说调解语。《成实论》说："善心劝化，虽使别离，也不得罪。若以恶心，令他斗乱，即是两舌，得罪最深，堕三恶道。"因此，我们在人与人之间，遇到矛盾争吵，应该善意劝解，排难解纷，解怨释结，息事宁人，切不可袖手旁观，幸灾乐祸，甚至挑拨离间，火上加油。第七，不恶口说柔软语。《法华经》说："思人口清净，终不受恶味，以深净妙声，闻者皆欢喜。"对一个佛教徒来说，慈悲忍辱是基本的道德修养准则，出言疾声厉色，辱骂诽谤，别人固然受到伤害，自己也难免招惹麻烦。

在思想方面：第八，不贪而修不净观，对治贪欲。不净观是在禅定中观想自身和他身，从内到外，从生到死都是污秽不净的。如身具九孔，有种种排泄物，又身死后尸体脓烂腐朽等。佛教认为，这种观想有助于消除人们对人生享乐的贪恋,可以坚定人们出家修行的决心。第九,不瞋而修慈悲观。慈悲观是在禅定中观想一切众生的可怜之相,产生爱护和怜悯之心,尽力给众生以欢乐,为众生拔除痛苦,以根治自己的仇恨恼怒之心。第十,不痴而修因缘观。愚痴者不明佛理,以为人生具有永恒的实体,应当观想十二缘起,认识三世因果相续的道理,以对治愚痴。十善能净化人们的思想、语言和行为,使之成为一个高尚的人,一个纯粹的人,一个有道德的人。

佛教道德实践,在强调自身道德修养的同时,更注重个人对社会对人类的贡献。这就是要广修四摄和六度。"摄",是引导的意思。四摄即布施、爱语、利行、同事。这是菩萨引导众生时坚持的四种方便。第一,布施。有三种布施:一是财施,以金银财宝饮食衣服等物施众生,这叫外财施;以体力脑力施舍他人,如帮助孤寡老人担柴,参加公益劳动等,叫内财施。二是法施,顺应人们的请求,将佛法道理讲给人听,或将自己礼诵修持功德回向众生,这都是法施。三是无畏施,对疾病者施予医药,对迷路者指明方向,对冤仇者调解道歉,对受灾者解救危难等,都叫无畏施,也就是帮助别人战胜面临的困难和危机。第二,爱语,就是对人说话要和颜悦色,善言慰喻,说诚实语、质直语、调解以及和善语。这是与人交往时向对方发出的第一个信息,是尊重别人人格的表现,所以释迦牟尼见人总是先说"善哉!善哉!"令人自然欢喜受教。第三,利行,时时处处要为别人着想,热心帮助别人,为别人干好事,办实事,使别人得到实实在在的好处。助人为乐,与人为善,人与人之间的关系自然会亲密无间。第四,同事,要与大众打成一片,同甘共苦,工作上勤勤恳恳,任劳任怨;生活上艰苦朴素,勤俭节约。

六度就是布施、持戒、忍辱、精进、禅定、智慧这六种修行方法。大乘佛教提出"普度众生"的口号,相应地又把原始佛教以个人修习为中心的戒、定、慧三学扩充为具有广泛社会内容的"菩萨行"——六度，这是大乘佛教道德实践的主要内容。"度"字是梵文"波罗蜜多"的意译，含有"济渡"、"到彼岸"之义。六度，也写作"六度无极"、"六到彼岸"或"六波罗蜜多"，意思是由生死此岸度人到涅槃彼岸的六种途径和方法。

第一，布施度悭贪。菩萨布施强调无论财施、法施、无畏施，都要从慈悲喜舍心、清净菩提心、广大平等心出发，从少到多，从劣到优，持之以恒，勿望报酬。不仅如此，还要进一步观"三体轮空"，忘掉施者、受者和所施之物。这就是菩萨布施与小乘布施的不同。小乘也讲布施，但目的在于解除个人吝啬和贪心，以免除来世的贫困。

第二，持戒度毁犯。即诸恶莫作，诸善奉行。依据这一原则，作恶是犯戒。不做好事，不做有益于他人、有益于社会的事，同样是犯戒。

第三，忍辱度瞋恚。对于横逆违意之境而不起瞋心是为忍耐；对于诸法实相之理安住不动，是为安忍。忍又有二忍、三忍、四忍、五忍、六忍等说法。总之，人瞋我不瞋，人恼我不恼。佛教把忍辱视为万福之源。

第四，精进度懈怠。"精"是纯粹不杂，"进"是勇猛不懈的意思。断恶修善，教化众生，都要勇猛精进。佛教对精进的释义有三种：一是披甲精进，比喻像将军披甲上阵，不怕艰险，勇往直前；二是报善精进，勤修善法，身语意业，无有疲厌；三是利生精进，说法利生，循循善诱，诲人不倦。

第五，禅定度散乱。扫荡一切妄想杂念，不为利、衰、毁、誉、称、讥、苦、乐等"八风"所动，令心专注一境。

第六，智慧度愚痴。通达事理，简择正邪，决断疑念，时刻保持清醒和冷静的头脑。佛教把智慧分成三种：一是闻所成慧，即从听闻他人所得的智慧；二是思所成慧，依前闻所得慧而进行深思熟虑，融会贯通，是得自于自己思索的智慧；三是修成所慧，依闻和思所得的智慧，修习禅定，由定生明，领悟人生和宇宙的真谛，是得自于证悟的智慧，至高至上的智慧。

六度是相互联系、相互促进的。佛教认为,应该六度齐修,不可偏废。如果持戒而不布施,则不能普度众生;布施而不持戒,则烦恼难消。禅定而无智慧,则固执不通;智慧而无禅定,则凡情易动。因此,佛教的道德实践要求人们奉行五戒十善以净化自己;广修四摄六度以利益人群,在自利利他两个方面完善道德修养。

第六章

佛教的生死观

1. 人的生命由何而来——“人无我”

生死问题是始终缠绕我们人类的一大问题。人们不但追求现世的幸福，同时也追求永恒的幸福。求生存而又意识到死的必然，使自我陷进了极度的困境。人都知道自己人生有限，不管是谁最终都不过一抔黄土，但人还是要追求无限，追求某种永不变灭的东西，每一个人心中几乎都有这样一种永恒的渴求。然而，现代社会里物质生活愈是富足，人们愈是留恋人生，同时对死的焦虑也就愈是严重。必须活和必然死的矛盾，使现代人不得不忍受最为刺痛内心的焦虑。

然而，以往我们关心的只是生命的尊严，以为死亡是人生之外的事，与现实生活没有什么关系，也就不值得去研究。这也许是受儒家文化长期影响的缘故，儒家偏重于世俗间的伦理道德。孔子就曾说“未知生，焉知死”，把生命过程与死亡完全对立起来。在西方，基督宗教的终极关怀是如何赎罪，获得永生。对于死亡，大多数西方人也和中国人一样，不是否定死亡，就是恐惧死亡，连提到死亡都是一种忌讳。现代西方社会是一个解魅的时代，“上帝死了”，宗教至高无上的地位崩塌了，人们不再相信今生之后有来世，死后灵魂要受到上帝的审判。过分理性的现代人普遍认为，死亡就是毁灭和失掉一切，人只要一死就什么也没有了。既然如此，人们也就很容易以短期利益为人生目标，人们的生活普遍丧失了终极意义。人生短暂，何不纵欲享乐，对自己行为的后果往往不加考虑。或者不顾礼义廉耻，杀盗淫妄，无所不作，令社会陷于一片混乱；或者肆无忌惮

減心減念

有佛的智慧人生

地为眼前利益而掠夺地球，生活自私得足以毁灭未来。人类真正出现了危机。

其实，死亡与生命既是相互对立，又是内在统一的。人的尊严，既包括生命的尊严，也应当包括死亡的尊严。何谓死亡的尊严？即死神来临之时，不致感到恐惧不安，反能从容自然地接受死亡。人为什么会对死亡产生恐惧？是由于对死亡的无知。因此，一个有尊严的文明人，不但要掌握人生哲学和一切对人生有用的知识，更要深谙死亡的哲理和知识。二十世纪六十年代，死亡学在欧美国家兴起后，人们开始关注死亡问题，逐渐改变了对于死亡和临终的态度。但西方的死亡学在科学主义影响之下，不过是一门临终关怀的实用技术，并不触及生命的整体意义。

由于西方死亡学依然把生与死割裂开来，因此不可能解决这些人生和社会的根本问题。佛教则不然。佛教生死观的核心是"生死不二"，把生和死看成一体的，生是死的延续，死是生的转换，是另一生命期的开始。佛教用"诸行无常"、"诸法无我"的道理来解释生死问题。他们认为世界上一切事物不但无常，而且无我。诸法无我，人的存在当然也是如此。人是由物质与精神组成的。身是物质，是细胞组成的物质，是人的生理结构。但只有身，没有精神也不成其为人。人有思想认识、感情、欲望、意志，这些都是精神的范畴。没有精神，人就与木头沙砾、飞鸟走兽无异。精神是指人的心理结构。佛教用"五蕴"，即色、受、想、行、识概括人的身心，即物质与精神两个方面，认为人的身心是五蕴集合体。"色"就是组成人身的物质器官，包括眼、耳、鼻、舌、身"五根"。受、想、行、识则是人的精神世界。

"色"，或者说人的身体组织是"四大"的聚合：皮肉筋骨属于地大，精血口沫属于水大，体温暖气属于火大，呼吸运动属于风大。"四大"和合则身生，分散而身灭，成坏无常，虚幻不实。所以人根本就没有一个真实的本体存在。试看，死时此身溃烂无存，骨肉归地，湿性归水，暖气归火，呼吸归风,此身在哪里?因此,《圆寂经》说:"我今此身,四大和合。四大各离,今者妄身当在何处?"不但死后如此,在未死时,人身也是"四大"假合。例如,身体里的水分在强烈的阳光照晒下,就会挥发成汗水,汗水再蒸发成水蒸气,即再也看不见汗水的影子了。故"四大"不调时,火旺,人体则发烧;水旺,人体则畏寒。可见"四大"是互相影响、互相转化,所以人体时时在变。

　　人的细胞每一秒钟也都在不停地新陈代谢。这就是庄子说的"方生方死,方死方生"。佛教称为"变易生死"、"分段生死",即是说,每个人时时都在生生死死,脱胎换骨。只因我们视觉迟钝,见不到新陈代谢,便固执地认为人是实实在在,在世界上活上六七十岁的。这是我们共同的认识,且以为是十分正确的,但不知这种客观事物在主观认识上的反映是根本靠不住的。如果我们用理性把这个实实在在的人再认真分析一下,就会发现并不如此。例如,一个年当30岁的人,他30岁以前的容貌,即5岁、10岁、20岁时的容貌,是不是还在呢?还是实实在在的吗?没有了,转化成了现在这个30岁的人了。如果过去的容貌是静止的,不会变化的,就不会有现在这个30岁的人了。这是现在大家都能共验共证的。30岁以后,40岁、50岁、60岁,刹那刹那,前灭后生,不断地转化,不然也不会有现实生活中实实在在的人了。这又是现在大家都能共验共证的。可见人不是真实不变的实体。唐人有"年年岁岁花相似,岁岁年年人不同"的诗句,说的就是这个道理。然而一谈到"我",人们往往将这个血肉之躯称为我。其实,这个血肉之躯只不过是地、水、火、风四种元素暂时的集合体。而且"四大"和合,互相转化,每一秒都在变化。究竟前一秒的"四大"是我呢,还是后一秒的"四大"是我呢?究竟是30岁前的容貌是我呢,还是30岁后的容貌是我呢?其实,从自称"我"的身体中根本找不到我的影子,故说"人无我"。"四大"只是暂时的聚合,并没有真实不变的实体,所以说"四大皆空"。

不但"四大"皆空，而且"五蕴"皆空。不但人的身体不是"我"，而且人的精神世界也没有一个永垂不朽、我行我素的"我"在主宰。人的意识活动，包括受、想、行、识都不是自我存在、自我决定、恒常不变的。笛卡尔说"我思故我在"，是承认有一个思想的我。康德的"先验统觉"（Transzendentale Appezeption）也是指意识的我而言。佛教则认为，人的意识活动（识）的生起，必须凭借根境。眼、耳、鼻、舌、身这"五根"与色、声、香、味、触"五境"相接触（境，即感觉对象），才有"识"的这种跃然生起，产生眼识、耳识、鼻识、舌识、身识，然后才有长短方圆的形色、青黄赤白的显色、取舍屈伸的表色，才能把色、声、香、味、触的零散影像综合成各种物体的概念，再层层加以分析、判断、推理，最后才能触及事物的本质和活动的规律。离开了根境，就再也不会有任何意识活动。这就是《楞严经》说的"根尘脱粘，识无所寄"。意识的对象，外界的事物，既然是不断的生灭变化，以它为依据的心意识，当然也都是生灭变异的无常所在。时过境迁，乐极生悲，否极泰来，转忧为喜，更不能说意识是永恒的、实在的"我"。人是"五蕴组成，假名为人，虚妄不实，本无有我"。这就像梁椽砖瓦合成房子，离开梁椽砖瓦也就没有房子。人是身心假合，离开"五蕴"和合，也就不成其为人。人的生理和心理的存在状态都是无常的。生是一个变化，死也是一个变化，生死就是刹那刹那的改变，好比在平静大海中忽起忽灭的水泡，是一个虚幻、暂时的存在。对这不实的东西有什么好执著的呢？

那么，"五蕴"又为何会和合成人呢？人的生命究竟由何而来？佛教根据缘起的道理来说明人的生命由来。一般现代科学认为，一个精虫和一个卵子，古代叫父精母血，在男女性交时结合在一起，就孕育了新的生命。佛教认为，这还不能完全说明问题。如果生命的形成只决定于男人精虫和女人卵子这两样物质而已，为何同一父母生下的孩子在外貌、性格、体质、禀赋等方面会迥然不同？按照佛教的说法，父精母血之外，还要加上一个东西"心识"，也叫"阿赖耶识"，或"第八识"。三缘和合才能成胎，才能构成一个生命。"心识"是心物一元的，既不是物质的，也不是精神的；既是物质的，又是精神的。它是不生不灭的，只是在不断地迁流转化。"心识"就像一颗种子，所以又称"种子识"。前世的"无明"造种种业，有善业、恶业、无记业。种种业薰习了"心识"这颗种子，迟早会发生作用。这种作用称为"异熟"，决定来世果报的差异。宇宙的本体，包括一切生命在内，是不生不灭的，它有一股动力使一切善善恶恶的"心识"种子平等地流动，称为"行"。"行"就是业力，不同的业力引导众生的"心识"往相应的处所去投胎。心识结合父精母血投胎后，在母胎中形成"名色"。"名"指精神，"色"指肉体。此时心识的"异熟"作用就起来了，影响胎儿名色（身心）的形成，使得胎儿出生后的外貌有美丑、性格有动静、体质有强弱、禀赋有智愚之别。心识和男精女血在母体内结合的一刹那，有了名色，也就是新生命开始孕育了。名色在母胎中开始七天一个明显变化，慢慢成长。一般到38个七天，9个多月身体长成，然后出胎降生到这个世界上。通常将此过程称为"十月怀胎"，佛教《入胎经》对此有详细描述。

世人往往不懂"无我"的道理，习惯抓取这个身体，认为是真实的存在。这就像一个小女孩儿把假娃娃当做真小孩在照顾一样好笑。当一个人心念一转，了解到世上并无我行我素、贪得无厌的"我"，他只不过就像一个假娃娃，是不实的东西，是虚幻的存在，自然就不再会对这个臭皮囊太在意、太执著，就会从此解脱出来。活着的时候，他会尽一切所能，为众生行一切利他之善业，将这一生的能量发挥到极致。当死亡来临时，他不会对死亡感到悲哀和恐惧，会以坦然自在的心情去接受。

2. 人死后往何处去——"死无终"

前面说到，死亡就是"四大"的分离，也就是人体生命因素的解散。那么人死后有没有灵魂？人死后将往何处去？

在人生这个过程中，生死是两头，老病在中间。老病是死亡的前奏。一个人临死前，"四大"先起变化。首先是地大分散，也就是人体的皮肉筋骨、五脏六腑发生障碍。手脚没有知觉了，身体动不了了。孔子的学生曾参临死前，对自己的弟子说："启予足，启予手。"就是因为全身不能动了，知道要走了，要求学生把他的脚放好，手摆正，只剩最后一口气了。第二步是水大分散，两眼瞳孔放大，身上直出冷汗。接着肛门打开，最后一次大便，最后一次出精，没有救了。此刻，喉咙就像有痰塞住，呼吸困难，说不出话来，这就是风大分散。等到气塞在喉结处上不去，就断气了。火大是和风大一起分散的，体温随着风大的分散一步步消失，身体一步步变凉。风大是生命的根本依。生命靠气的作用，不只是后天的呼吸，还包括先天的气。等到最后气绝的时候，呼吸来去生灭的作用完全停止，整个身体也就冰冷了。这个肉体的人就正式死亡了。

有濒死经验的人告诉我们，临死时的感觉就像做梦一样，眼前一片漆黑，身体像被巨石压住，动弹不得。此刻，地大开始分散。等到水大分散时，好像在梦境中掉进水中，似乎还有哗哗的水声，其实是身体内部的变化。等到风大和火大分散，气到喉咙，迷迷糊糊。在那个境界里，似有寒风刺骨的感觉。佛教唯识法相学说认为，暖、寿、识三位一体。"暖"是体温，"寿"是生命，有体温才有生命，有暖、寿，心意识才能起作用。其实，火大是依赖风大的。呼吸停止了，体温也就没有了，完全进入昏迷状态，就像是夜里睡眠，完全睡熟了，进入无心的状态。这个心是指第六意识。所谓"见闻觉知"，"知"是第六意识的作用，"见"是眼识作用，"闻"是耳识作用，"觉"是鼻识、舌识、身识的作用。人在死的一刹那，就进入无想的境界，第六意识关闭了，不起作用了。

按照唯物主义的观点，人死了就什么都没有了。从表面上看，确实如此。身体渐渐由硬变软，然后腐烂。"四大"慢慢分解，地归于地，水归于水，火归于火，风归于风，日久之后都化解了，皆归于空。然而，按照佛教的说法,死者的肉体没有了,但第八识"心识"还在。这个生命死了,在还没有转变成另一个生命之前,中间这一段"心识"存在的状态叫做"中阴",或称"中有"。中阴,除了指死亡与再生之间的中间状态外,还有更广更深的含义,即"一种情境的完成"和"另一种情境开始"之间的过渡。在佛教看来,此时特别呈现解脱或开悟的可能性。因此,在整个生与死的过程中,中阴不断出现,解脱的机会持续不断。人们应该发现和掌握这些机会在活着的时候就为死亡那一刻的解脱作准备。

从一个人正式死亡到中阴生起,就像睡醒了一样,感觉也有身体,也可以看得见,听得到,色、声、香、味、触、法都能感应。这叫做"中阴身",中国人称其为"灵魂"。中阴身不是鬼,鬼是鬼道的生命,已经是另一个生命了。中阴身也有生死,七天一个变化,一个生死,昏过去,再醒过来。中阴身最多停留七七四十九天。中国民间佛教习俗超度亡灵,做法事要七七四十九天才结束,称为"断七",就是这么来的。中阴身生起是"行"的作用。行是一股业力,发动起来会把生前、以至过去累世的所作所为,善善恶恶,都一幕幕重现。中阴境界出现各种现象,是因为第八"心识"里有这些善善恶恶的种子,此刻一齐爆发出来。"种子生现行",因缘成熟了,种子会变成有差异的果报,"善有善报,恶有恶报"。这就是决定下一生命运、遭遇、性格、禀赋的"异熟"作用。不同的业力推动这个"中阴身"往相应的处所去投胎,生命的一个新周期又开始了。如此生生死死,循环往复,如果不能觉悟人生的真谛而超凡入圣,就永远无法跳脱六道轮回。

(以上参见南怀瑾《人生的起点和终站》)

唐代诗僧寒山子曾经对生死的变化作比喻:"欲识生死譬,且将冰比水,水结即成冰,冰消返成水。已死必应生,出生还复死,冰水不相伤,生死还双美。"生死转换就像是水的变化,我们的肉体如同水结成的冰块,当冰块融化后就又变回水。虽然形态不同,但本质都一样。只因因缘聚合,有时候变成冰,有时候变成水,转来转去而已。"已死必应生",虽然这个

减心减念

有佛的智慧人生

形态消失了，但因为能量不灭，一定会转变成另一种形态，不断地转变：水变成冰、冰变成水。"出生还复死"，已生成的事物迟早会朽坏，但"死去"也只是生命以不同形态存在而已。所以"冰水不相伤"，本质既然相同，冰和水两者都是由自己变化的，当然也就可以相安而无所挂碍了。最后生命的实相当然是"生死还双美"。寒山子的诗是想告诉世人，生死不是什么了不得的大问题。生生死死，主角没变，只是转换角色的场景而已。

日本学者池田大作指出，在佛教中，人类内在的生命力本身与宇宙的生命力是同为一体的。这种宇宙的生命力就是佛教中所说的"行"。它是万物众生所不可少的推动力，这种力量创造一切事物，所有的精神活动和物质生活。这种宇宙生命力在一定条件下就把生命的进化过程推导到人类的存在形式。这就表明，每个人都与那构成宇宙生命本质的、无限永恒的源力有着深深的热切的交流。可以说，人就是宇宙生命力运动现象中最精致、最奇妙的一种。诚如日莲上人所说："出生就是宇宙生命凝聚到一个自我之中，而逝去就意味着自我重又散发到宇宙之中。"宇宙的生命之能是永存的，每个个体生命都是宇宙生命的一部分，因此，从这个意义上说，自我才是永恒的。因此，死亡在佛教里不具最终性质，它对于生命之肉体显现才有终极意义。死亡对于生命力，只是从可感知的形式转到了不可感知的形式。生命力就像弥漫在天空中的无线电波，一旦有了接受器之类的条件，它们便会重现。于是，人们就能看见或听见电波的内容——生命转变成何种实体了。

3. 如何对待死亡——活在当下

死亡总是感觉很遥远，但又那么近。遥远是因为我们总是想象它会在未来的某时发生；近是因为它随时都会出现。我们都会死，这是确定的。但死亡的时刻，却是无法预测的。当死亡来临的时候，再雄辩的口才也无法劝它等待，再大的力气也不能阻止它，再多的财富也不能贿赂它，再诱人的美貌也不能迷惑它。既然死亡无所躲避，那么应该如何对待死亡呢？

在佛教里，死亡并不是消极的，而是积极的。因为死去的只是"四大"假合的身体躯壳，而生命是绵延不绝的。从这个意义上说，死亡不是一种结束，不是一切的终止。死亡犹如睡觉，犹如休息，死亡为的是再生。死亡只是另一种生命境界的开始。生命死后仍被投入存在的状态中。虽然与活着的时候背景不同，但仍是由生命的本质维系着的。灵魂从旧的身体出窍之后，如蝶破蛹，如虫化茧，如鸟出壳，离开生长数十年的人世间，开始为另一次生命的开始寻找去处。生命显现为生与死，两者都是宇宙生命力的存在形态，这是一种永恒的流转过程。生而死，死而生，永不停歇，永远流转。"生死不二"的佛法超越了生与死的鸿沟，使生与死的对立消失在人的意识中。一个人体悟了"生死不二"的道理后，对生命的真实就有了完全的觉悟，人生的整个态度也会随之改变。对于个人的责任和道德也将了然在胸。现代人因为知道肉体终究不免一死，因而对人们创造的社会生活激发出强烈的依恋。德国哲学家西蒙波娃说过："生命中充满了永恒和超越。如果一切作为只是为了维持生命，那么活着只不过为了逃避死亡。"相反，由于对死亡的认知，把死亡包含在生命之中，在生命中迎接死亡，就可以促使我们永远正视生命的目的和意义，在有生之年善用人生不可思议的潜能，人生将会更丰富、更充实。

禅宗史上有一段记载说，杨岐方会禅师向石霜楚圆禅师参学，叩问人活着的价值。但是久久得不到响应，弄得他几乎发疯。于是就一把抓住石霜的衣领，厉声求告："你今天再不告诉我，我就打你！"石霜笑眯眯地看着方会禅师悬空的拳头，点醒他说："你知道生死事大，活一天就要珍惜一天了吗？"方会忽然开悟：谁说生命空空虚虚，空虚的是你的心，是你心里无依无归。从此，他每天实实在在地活着了——知道自己必然死亡，必然灰飞烟灭,所以就要真实活在当下的每一分一秒里,活出自己的价值,活出生命的无悔无怨。

如果相信我们的心,我们现在的行为创造或决定着我们未来的存在。那么,我们就会竭力磨炼自己,并加倍重视自己每天的工作。把当前所作的每一件事都作为发展自我、革新自我的源头,帮助我们这样去生活——公正、善良、慈爱、怜悯,我们就会控制本能欲望,躲避享乐主义或悲观主义的陷阱,消除贪欲,摆脱攀附社会地位和物质占有。一个人如果参透了生死的真谛,连生命都无所留恋,当然就不大可能再贪图今世的荣华富贵,甚至不惜因此而贪污受贿、作奸犯科。"生死不二"的佛法能够提升我们的生存状态,超越单纯争取欲望满足的"六道",谋求同宇宙万物深层的永恒真理交流与融合。

要彻底把握死亡的意义,必须深入思考无常的道理。面对死亡,我们有无限的痛苦和迷茫,最主要的原因是我们忽视无常的真相。无常的道理不难理解,但重要的是把无常与每一个念头、呼吸和动作相结合,从而改变生活。每一刻都记得自己正步向死亡,每个人、每一样东西也都正步向死亡,因此时时刻刻都能够以慈悲心对待一切众生。

第七章

佛教的幸福观

1. 什么是幸福

对于幸福生活的向往和追求是人的一种生命精神。幸福能让人对生命的热爱超过一切。可以说，无人不期盼一个幸福的人生。什么是幸福？幸福是一种内在的个人感觉，是人的需要的满足。人的任何行为都是扎根于人的需要之中。因此，人的需要也就成为人的心理活动的原动力。那么，什么最能满足人类的需求？金钱？权势？享乐？科学？心灵？要回答这个问题前必须先问自己：人类最深切的期待是什么？生命的真正意义是什么？

现代心理科学对人的需要内容和结构作了深入的探索。一般认为，人的需要有生物性和社会性，或者说物质性和精神性两大类。不同而众多的需要又形成了多方面的不同层次的需要结构。按照马斯洛的需要层次说，人有生存、安全、归属、被尊重和自我实现等五种需要。其中，生存和安全需要是生物性或物质性的。著名学者钱穆也说过："人生第一步骤应为生活。人的生活如衣食住行，其意义与价值是维持和保养我们人的生命存在，是生命存在一种必需的手段和条件。但我们是为了维持和保养生命才有生活，并不是我们的生命为着生活，而是生活为着生命。生活在外层，生命在内部；生命是主，生活是从。人的生命不是表现在生活上，应该表现在人的行为上，人的事业上，这就是人生的第二步骤。"其实，人的生存需要，也就是维持和保养生命存在的衣食住行的需要，是很容易满足的。然而，生存需要的满足并不能给人带来持久的幸福感。因为人类生命与其他生物的生命大不同。人类在求生存的目的之外，还有其他目的的存在。其重要性则更超过了其求生目的。

现代人都把快乐作为人生目的，且经常把快乐和享乐混淆。享乐就是追求感官刺激和欲望的满足。本来有欲望很自然，饿了想吃，冷了想穿，衣食足了就想欣赏声色歌舞。可是欲望一旦变成迷恋、沉湎或绝对的执著，就会成为心灵的毒药，令人烦恼和产生挫败感。法国作家黑维利说："享乐是疯子的快乐，快乐是圣人的享乐。"享乐的体验是根据特定的时间地点，依赖某种情景而产生的。一个人第一次尝到山珍海味是享乐，但如果天天吃山珍海味，他就不会觉得是享乐。本质上，享乐是不稳定的，当它一再重复时，就会变得无味，甚至令人反胃。因此，享乐是会被消耗尽的。享乐可能和残酷、暴力、傲慢、贪婪以及许多负面的精神状态挂钩。真实的快乐也许会受到情境影响，但不会依赖情境，也不会变成不快乐，而是能在经验中持续成长。真实的快乐是一种能力，一种生存的态度。它能将那些毒害心灵的仇恨和迷恋去除，同时带着一种微细的了解，在看待事物时能缩小假象和实相之间的鸿沟。一般享乐都是因为接触令人愉悦的对象而产生，一旦接触中断，享乐也就跟着消失。然而只要我们能与自己的内在本性保持和谐，就能感受到永恒的快乐。现代人往往因为强调感官及刹那欢愉，反而将追寻深刻而长久的宁静视为乌托邦，并因而放弃追寻。大家无休止地把所有的时间奉献给外在的事业和目标，而不是去学习如何享受当下，享受自然环境的宁静，享受自身内在所绽放的宁静。这种宁静能让生活的每一秒钟得到崭新而不同的质感。我们不断寻找感官的刺激，不断追寻更强浓度的刺激，希望那些嘈杂、混乱和充满感性的享乐能让我们从麻木中苏醒过来。但这通常是徒劳无功、充满挫折的，反而会带来紧张和疲倦，以及对生命的不满足感。

现代人还有一种倾向，就是把人生最高的价值放在"创新"上。当今时代最好的称赞就是声称"这是个新事物，新发明，新想法"。对"创新"的喜好所带来的影响，就是不停地追求变化，一味地寻找新奇的事物，抛弃了优良传统，冷落了核心价值。迷上新奇和不同的事物经常是内在贫乏的反映。因为我们在自身之内找不到幸福感，只好拼命地向外找寻。在物质中，在经验中，在越来越奇怪的思考和行为模式中寻找幸福。简言之，我们离幸福越来越远，因为我们一直在不可能找到它的地方拼命找，其中的危险就是完全失去幸福的踪影。对新鲜事物的欲望侵蚀我们的心，干扰心的平静，让自己的需求加倍，而不是学会减少需求，这只会离幸福人生的目标越来越远。现代人有时完全丧失了人生目标，只是不断地在名和利上和别人较量。别人拥有的，他要有；别人没有的，他也要有；务必要在一切方面超过别人。有一万就想要十万，有十万又想要百万。有了房子想要车子，有了车子又想要游艇。这样的人活着漫无目的，只是为了和别人竞争。其实，这是一种心理的疾病。这种病带来很多不必要的烦恼和不满。人类就此都被困在一台名利跑步机上。当我们在跑步机上慢跑时，必须一直跑才能够维持原点。同样，人们必须一直奔向更多物质的累积，更多权势的累积，更多令人兴奋的经验累积，目的只是维持自己现有的满足指数。这样的人生累不累？这样的人生有何幸福可言？

在现代社会里，每个人都有自己的生活形态，但是很少有人出于自愿，或者出于自己的志趣，去选择自己的人生道路。我们的生活通常是被潮流推着走，在"只好如此"中度过的。人们心里总是盼望着更优裕的生活，更崇高的成就。所谓"水往低处流，人往高处走"。我们总是从外在的事业和目标上寻求满足，总是向外寻求幸福。大多数人生命的支撑点不在生命自身之内，而安放在生命自身之外，这就造成了人生一种不可救药的致命伤。你向前追求而获得了某种满足，却并不能使你停止下来，因为停止向前就会造成生命空虚。一个年轻人从学校出来，先是为了有个温饱的生活而努力，有了温饱又想过上小康生活，小康之后还想殷实，达到殷实人家的水平就期盼富足，到了富足又想做大富豪。人生终极目标变

减心减念

有佛的智慧人生

成了并不存在某种满足，这种满足且在无限地向前延伸。满足转眼成空虚，欢愉转眼变烦闷，不断向前成为不断扑空。人生的一切努力安排在外面，努力就成了一种幻觉。人生向外安排成了某种客体，那个客体便会回身阻挡人生再向前，而且不免回过头来吞噬人生，使之毁灭。

钱穆说过，"就人类而言，心最先，次及生命，再次及身体，即物质。可以说，宇宙间，心灵价值最高，生命次之，而物质价值则最低。心灵价值虽高，并无法离开较它价值为低的生命，生命也不得不依赖较它价值又低的身躯。如此则高价值的不得不依赖于低价值的而表现而存在，于是不得不为其所牵累而接受其限制，这是宇宙人生一件无可奈何的事。"佛教就是教人如何走出这种无可奈何的困境。只要你在心上下工夫，向生命自身之内寻求满足。你不必辛苦地比较，你不必努力于改善，你就可以安逸地享受幸福的人生。佛法指出：所谓的幸福不是某种舒服的感觉，而是一种满足，即满足于我们的生活方式完全呼应我们最深刻的本性。这种幸福就是让自己知道，可以发挥每个人都有的潜力，了解到心的究竟本性。对于一个懂得赋予生命意义的人，每一刹那就像一支射向靶心的箭；不懂得赋予生命意义的人则会感到挫败，会有无力感，甚至会令人走向最后的失败——自杀。幸福的意义必然包含智慧，如果缺乏智慧，就不可能纠正占据人心的持续不满足感。这种不满足感来自无法战胜心中的种种毒素——憎恨、嫉妒、执著、贪婪和骄傲。这些都源于自我为中心的世界观，以及对自我观念的顽强执著。为了消除这种不满足感，我们必须对事物的本质有正确的洞察。因为就更深的层面来说，不满足与对事物本性的误解有着密切关系。

缺乏内在的祥和，也就不具备任何能带来幸福的条件。活在希望和怀疑、兴奋和无聊、欲望和疲惫的钟摆之间，很容易浪费生命，让时间在不经意中一点一点地损耗，四处游荡却一事无成。幸福应该是一种内在充满成就感的状态，而不是对外在事物无尽的欲求。真正的幸福时光是内在冲突暂时消失，感受到世界及自身的和谐。享受到这种经验的人，当他在宁静的野外散步时，除了单纯的走路外，没有任何特定的期待，就是很单纯地在那个当下自由而开放。片刻之中，过去的念头被放下，心中也不受未来计划的困扰，当下从所有的心理活动中解脱出来，一切情绪危机感都消失。这片刻的释放就是最深刻的祥和。对那些已经达到的目标、完成工作或赢得胜利的人来说，长期所承受的压力得到放松。这种随之而来的放松，就是一种深刻的宁静感，没有任何期待和恐惧。心灵的祥和是人类最深切的期待，是人类永恒的幸福。当然，站在佛教的立场，幸福的因素还要包括利他、爱和慈悲。如果我们周围随时有人在受苦，我们如何能得到内心的祥和呢？要知道，我们的幸福和别人的幸福是深切连接在一起的。

2. 如何对待金钱

在现代人的生活中，无可否认金钱占了相当重要的位置。衣食住行、教育、娱乐、治病、养老，都需要金钱。金钱可以给人们带来很大的方便和快乐。很多人崇尚贫穷，但没有人自己愿意贫穷。贫穷使人衰弱，贫穷使人微贱，使人志气消沉。贫穷乃是罪恶的渊薮。但是，假如把金钱作为生活的目的，那又十分愚蠢。那些穷其一生积聚财富的人，到头来财富就像是沙漠中的金字塔，所保存的只是尘土和糟粕。因为，一个人无论多么富有，他所能享受的东西总是有限的。俗话说"家有千顷良田，只睡五尺高床"，即使富到像古代帝王"凤楼龙阁连霄汉，玉树琼枝做烟罗"的地步，晚上还是非躺下不可，不能一天 24 小时地吃喝玩乐。况且，"人生七十古来稀"，至多也就活到一百来岁，没有人能够成为这个尘世的永久住户，大家都是过路旅客。人死去的时候，再多的金钱财富也要让给别人。因此，任何人都不可能永远地占有一两黄金、一栋房子或者一片田地。在这个物质万能、金钱第一的社会里，人们一天到晚为金钱疲于奔命。在追求财富的那一阵子狂热中也许会觉得很有乐趣，可是过了一段时间开始回头看看，就会发现当初曾经给自己带来快乐的金钱，其实都是没有生命的东西。你守着的这一大堆金钱，既不能给你带来温情和友谊，也无法让你的生活变得安详而充实。其实，钱用了才是自己的。拥有钱是福报，会用钱才是智慧。金钱如流水，必须要流动，才能产生大用，而用钱最好使大众都能获得取之不尽、用之不竭的般若宝藏，才能使自己永远享有用钱的快乐。

追求金钱财富的人，在财富到手以后仍然能从财富中找到乐趣的人恐怕很少。相反，财富有时候还会给人带来麻烦与灾祸。佛教说金钱是"五供"之物，会遭到水浸、火烧、贼偷、子败、官没。得来辛苦，失去忧愁，为了保住金钱财富便终日提心吊胆。佛经上有一个故事说，印度有个婆罗门家庭出身的和尚，有一次在森林里碰到一队商人。天黑以后，商队在林间扎营过宿。和尚就在附近徘徊踱步。半夜里来了一伙强盗想抢劫商队，却发现有人在营外踱步。他们害怕商队有备，不敢轻举妄动。一直等到天亮，和尚始终没有休息。强盗因无隙可乘，只好气愤地大骂一阵跑了。正在营里睡觉的商人被骂声惊醒，赶忙跑出来看。只见一伙强盗手持棍棒往山上跑去，营外唯有一个和尚站在那里。商人惊恐地走过去问道："大师！您看到强盗了吗？""是的，我早就看到了。"和尚回答说。"大师，"商人又问道："那么多的强盗，你独自一人怎么不害怕？"和尚不慌不忙、心平气和地说："各位！见强盗而害怕的是有钱人。我是一个出家人，身无分文，有什么可怕的？强盗要的是金钱财宝。我既然没有一件值钱的东西，无论在深山，还是在密林里都不会起恐惧心。"和尚的话使商人很感动。想不到不实在的金钱，大家肯舍命去取得；而真实自由自在的平安生活，大家反而熟视无睹。把无常的金钱带在身边实在是一种拖累。金钱的拖累，不但在于要为保住它而费尽心机，而且对金钱的欲望一旦失控,欲火燃烧,就会像飞蛾扑火般地自取灭亡。《四十二章经》上说:"爱欲之人,犹如执炬逆风而行,必有烧手之患。"有些人财迷心窍,为了金钱而失去理智,失去人性,贪污受贿,偷盗抢劫,甚至谋财害命。结果不但得不到幸福的生活,反而弄得身败名裂,触犯法律,被送进监狱,甚至被判处死刑。从这个意义上说,金钱就像毒蛇。

只有把金钱看破的人,才能真正保持人性。《八大人觉经》上说:"多欲为苦,生死疲老,从贪欲起,少欲无为,身心自在。"有欲望很自然,可是一旦变成饥渴、迷恋,或绝对的执著,它就退化成为心中的毒药。世人无不希望自由自在的生活,过分看重金钱财富,心就不能自由发挥,以至不能动弹。若要自由地生活,就一定要远离对金钱的贪欲。就像那云游四海的和尚,天地悠悠,了无牵挂的人生,才算得上自由自在的生活。那些为金钱疲于奔命的人,生活就好像战场,成天生活于不安之中。为了去除不安,不得不从早到晚动脑筋对付别人。结果虽然家产万贯,可是他们的内心没有一丝温情。一个人独处的时候,哀怨和寂寞的情绪汹涌而来,挡也挡不住。表面看来,他们好像很幸福,殊不知其实是漂泊在苦海中。可见,金钱并不是决定人们幸福的唯一因素,人生还有更珍贵的东西,它们是金钱买不到的。比如,金钱买不到真诚的友谊,因为友谊一定要争取才能获得。金钱买不到纯洁的心灵,因为纯洁的心灵要有正直的行为。金钱买不到健康人的容光焕发,因为健康的秘诀在于正常的生活。金钱买不到幸福,因为幸福纯然是一种心境,一个人住在茅屋里,可以像住在高楼大厦里一样快乐。金钱买不到日落、鸟啼和林间风声的美景,因为这些正如同可以自由呼吸的空气一样,是不用花钱买的。金钱买不到内心的平安,因为内心的平安是由于积极的人生观而来。金钱买不到高尚的品格,因为品格要靠我们日积月累地自觉培养。在这些金钱买不到的东西中,许多都是人生最重要最珍贵的东西。所以,我们每个人应该经常检点一下,这些东西有没有失落。

3. 如何对待成功

追求成功支配着我们每个人的生活,几乎没有一个人不希望成功。什么是成功?有人认为,成功不过是对名和利的概括。据说乾隆皇帝游江南的时候,有一次在山上眺望景色,看见许多帆船在长汀航行,往来如织。他便问随行的大臣那些帆船上的人在干什么?大臣道:他只看见两只船,一只叫"名",一只叫"利"。人们通常就把获得了名利称之为成功。即使有些人能够避免利的诱惑,把金钱财富看得很淡泊,可是却未必能避免名的诱惑。他们习惯生活在镁光灯下,希望被重视、被赞誉、被追捧;担心被遗忘、被冷落、籍籍无名。有一次,一个和尚与他的弟子讨论这两种俗虑的根源时说:"绝利易,绝名心难。隐士僧人仍冀得名,彼等于大众谈经说法,而不愿意隐处小庵,如我辈与弟子作日常谈。"那个弟子答道:"若吾师者,诚可谓世上唯一绝名心之人。"尽管师父微笑不言,但心中还是得意洋洋。可见他仍喜欢别人的赞誉,喜欢一个好名声。人们经常受到名利地位的诱惑,在自己的内心笼罩着一层欲望的阴影,想要这个,又想要那个,总想统统弄到手才妙。当了科长又想当处长,当了处长又想当局长。当了助教想要当讲师,当了讲师又想当教授。人的欲望永远无法满足,于是成功也就永无止境。

成功不等于幸福。成功本来是件令人愉快的事情;财富、爱情、地位及权力都是为了人生的幸福。可是,在奋斗时,我们往往会忘记了幸福这个目标,反而把成功看成人生唯一目标。也就是说,将手段变成了目标。在追寻一个有意义的人生时,这是我们会碰到的最大陷阱。没有掌握人生的重点,不懂得适可而止的道理,然后变得很不能满足,就会背上沉重的包袱过日子。一天到晚追逐金钱、名誉、地位或者爱情上的成功而忙忙碌碌,内心得不到片刻的安宁和清净,这样的成功反而会给人带来痛苦和烦恼。《清净经》上说："众生所以不得真道者，唯有妄心。既有妄心，即惊其神；既惊其神，即著万物；既著万物，即生贪求；既生贪求，即是烦恼。"欲望太多，欲望无穷，而又不实际的话，那只有失望和痛苦了。秦始皇、汉武帝都是中国历史上成功的帝王，他们已经拥有天下，要什么有什么，还不知满足，想要长生不老，希望把他们拥有的东西保持到永远。结果，因得不到而痛苦万分。世界上能够万事如意、随心所欲的情况实在很少，因此，期望愈高，则失望亦愈大，徒增烦恼和痛苦。

再说，名利、权势、地位都如过眼烟云，随时都有可能消失。《金刚经》上说："一切有为法，如梦幻泡影，如露亦如电，应作如此观。"又说："凡所有相，皆是虚妄。"名利、权势、地位都属"有为法"、"有相"，都是虚妄不实，转眼即逝的。《心经》上也说："色即是空，空即是色。"万事万物的本质是空。名利，权势，地位，这一切的一切，背后所蕴涵的真理就是空。1877年，美国人 T. L. Haines 和 L. W. Yaggy 写的《皇室生活》(*The Royal Path of Life*)一书中曾文情并茂地谈到人死后："无分性别，无论岁数，皇戚贵族所经之途，信差使者所走之路，战士武者践踏之道，乃至微寒庶人跋涉之小径，其舒坦坎坷虽各异，然皆通归于一所，万籁至此皆俱寂。是故无分贵贱荣辱，无人皆不免于一死，乃命中注定。呜呼！吾人终将长埋青冢，石碑一方，鲜花一束，鲜少亲友相送。坟土墓碑与时推移，终止倾颓消逝，不复寻觅。然深埋地下之千万孤魂，日后岂有访客查询乎？其人俯仰世间之蛛丝马迹，终将无所考；亲情友朋之片刻思念，后世亦无所忆，纵使青丝尚遗人间，肖像犹存后世。今吾人凭墓深思者，乃此千万躯壳绝息仰卧黄土。然其有生之日何尝未曾享尽欢愉、情爱、希望？何尝未曾企盼荣宠、权位？吾人苟对死亡抱持适当观念，或可稍释情怀。设想墓中是否充斥贪婪之气？棺中之人是否终其生未曾满足钱财？而其人今若何？仅围以四方之木，埋于七尺之穴矣！其生前傲世之容，如灿之舌安在？今仅遗腐尸朽骨，且不复闻其声矣。其贪财好势，所得几何？乃无异于魂消魄

减心减念
有佛的智慧人生

散,形毁体损而已。"成功不可能是永恒的。成功与失败往往是变化不定的。许多人得一望二,对已经得到的不珍惜,却妄求那不可靠的东西,结果连已得到的也保不住。对许多人来说,处于逆境时反而能冷静、刻苦和努力。等到成功以后,得意忘形,无所顾忌,骄奢放逸,为所欲为。结果,这样的成功就潜伏着更大失败的种子,也无疑是更大失败的开端。总之,一个人不能为"成功"所束缚,成为"成功"的奴隶,而要把握"成功",做"成功"的主人。

对于一切成功,我们应该淡泊处之,不必刻意锐求。对已经取得的成功要珍惜,不要让自己的心念去攀缘无穷的欲望,追求无限的成功。恬淡寡欲,知足常乐,就能够使自己内心清净,安逸自在,真正从成功中感受到无穷的乐趣。真正的成功是自己因已尽心尽力而为之产生的心安理得,不必去考虑在人家眼中你是不是成功。站在佛教的立场来说,就是"以出世的精神,做入世的事业"。我们无论做什么事,从养家糊口的日常工作,到利国利民的宏图大业,要么不做,要做就一定要全身心地投入,脚踏实地,认真负责。然而,事情做完了,就要马上把心放空,不再计较个人的得失,社会的风评。只有这样,你才不会被烦恼、委屈、懊悔、内疚等负面情绪缠绕,才能保持内心的安详平静。旅游的人常常会陷入这样一种迷思,以为美丽的风景只在某个遥远的地方。于是一路奔波,匆匆忙忙地向那里赶路,却把沿途的风景一一忽略冷落了。人生亦然,人生的风景往往遍布于奋斗的过程中,而不只是在最后的结果。人生是一个历练的过程,在流逝的生命过程中,每一段都联结着,每一个过程都有意义。现代人已经没有耐心留恋过程,活得匆忙而粗糙,于是感觉活得无意义。其实,生命的意义就在于过程之中,那些撇下过程而只在结局中寻找意义的人,找到的只是虚无。因为生命并没有结局,每一个结局只是一个新的过程的开始罢了。人有时只管耕耘,不再去牵挂黄金季节的收获;只管追求,不再去设计石破天惊的蓝图,可能活得更轻松。

没有人可以强迫我们往一个遥远的目标走去，一定要达到这个目标，才算成功。就像旅行者一样，我们往往看不到这条路的尽头。可是只要走下去，总可以在路上看到一些美丽的景色，有趣的事物。这就是我们一天辛劳的报酬，就是人生一天的成功。最愉快的旅程绝不是低头走路；如果把走路当做唯一目的，那么除了看见自己疲惫的脚步之外，更是一无所有。

魏晋时代有个叫王徽之的名士，住在山阴。有一个冬夜，大雪初停，月色清朗，万籁俱寂。他坐在家里独酌，四望窗外白雪皑皑，玉树银花，月光下一个银白色的世界。王徽之边喝酒，边吟咏，突然思念起好友戴逵来，就想何不乘兴邀访他一起对酒当歌。于是王徽之就连夜乘船前往戴逵居住的剡州。小船航行了一夜，次日清晨才到达剡州。王徽之找到戴逵的家，还没进门就转身回到船上。有人好奇地问他为什么要这样做。王徽之回答："我本来就是乘兴而来，现在兴尽而返，何必一定要见到戴逵呢?"是呀！人生的乐趣往往在于过程之中，而不在乎收获的多少。人生应该是向上向前瞻望，尽情欣赏可以见到的森罗万象，这才是成功的人生。

第八章
佛教的处世态度

1. 有佛的智慧人生

近代散文大师林语堂先生曾经把人生比喻成一首诗,有其自己的韵律和拍子。

诗的开始就是天真烂漫的童年,接着便是躁动的青青期,笨拙地企图去适应成熟的社会,具有青年的热情和愚憨、理想和野心。后来到达一个活动很剧烈的成年时期,由经验获得利益,又由社会及人类天性得到更多的经验。到了中年,紧张才稍微减轻,性格圆熟了,对于人生渐渐抱了一种较宽容、较玩世,同时也较慈和的态度。以后便到了衰老的时候,内分泌腺减少它们的活动。生活变得平和、稳定、闲逸和满足。最后,生命的火光熄灭了,一个人永远长眠不再醒来。人都有一生,但并非人人都能够体验出这种人生的韵律之美,这就取决于我们对待生活的态度。

在我们生活的环境中,一般来说,有四种人生态度。第一种人,只接受生活的现实,却不想也不会去了解生活。他们虽有抱怨,但又无可奈何,并不想改变生活。而只是按照目前的生活方式生活下去就心满意足了。这种人的生活只是在维持人的最基本的生存而已,就如同其他许多动物一样。第二种人虽不满意生活的现状,但他们也不了解生活。他们虽然希望改变生活,但是由于不了解生活,只有盲目地乱闯。这种人的生活只是在不断挣扎中求生存,很难求得人生的意义。第三种人虽然努力想获得对生活的了解,事实上也可能获得某些了解,但他们对生活了解之后,反而不接受生活,对生活中的一切永远不满足,永远烦躁不安,怨天尤人。这种人除了改变生活外，没有旁的目标，结果掉进了人生的旋涡里，生活再丰盈也无从排遣内心的空虚。最后一种人是了解生活并接受生活的人，佛教的人生哲学就是提倡人们树立这样的人生态度。

释迦牟尼的许多说教和佛经记载的大量故事无非是要告诉人们：生死、得失、吉凶、祸福、贫富、荣辱、穷达都是过去世中所造的善恶诸业的结果。毕竟这些事都已经做了，也已经过去了，已经无法挽回了，只好以从容的态度来承担这些果报。佛教提倡的人生态度，并不像人们通常理解的那样，纯粹是悲观消极的。相反，它认为人们应该以豁达、淡泊、乐天安命、顺应自然的心境来面对人生种种吉凶祸福的无常变化。这样就可以减少许多痛苦忧伤的情绪，而保持心中的宁静与安详。一个对生活抱持乐观态度的人，必然性格坚定，不让任何事物扰乱心头一片宁静与安详。逢人总是谈论健康、快乐的话题，使朋友感到他心胸有才干和抱负。每一件事都往光明的一面看，并努力使这种乐观的看法得以实现，对旁人的成功更像对自己的成功一样热忱。忘记过去的错误，寄希望于未来更大的成就。始终挂着欢愉的表情，以微笑迎接每个碰到的人。心胸宽大以忘忧，高瞻远瞩以却怒，意志坚定以祛畏惧，性情欢悦以消烦愁。这样的人真正的生活过，有真实的生命。在人生的航程中，从来不会忽略周围的美景。朝阳和夕阳，月光和星光，广阔的海洋，变幻无穷的海浪，都带给他无穷的乐趣。当然，这种乐趣和他的人生目标是交织在一起的。在人生的航程中，主要任务和物外之趣可以并行不悖。他们在人生的目标中忘了"我"，因而生活得很丰富明朗。对人生的乐观态度，来自生活的勇气。即使罪恶弥漫四周，仍能不屈不挠，能经得住考验，吃得起苦，面临危险而不惧。即使碰到恐吓与讥笑，仍能坚守自己的信念，在黑暗和暴风雨中仍然沉着应付。只有这样，人生才能越来越完善，越来越充实。

佛教认为，这种生活勇气是证悟人生和宇宙真谛之后的产物。证悟真理才是人生最高的目标，因为生活中的一切吉凶祸福都是如幻如影，变化无常的，唯有真理才是永恒的存在。尽管时代嬗变，沧海桑田，斗转星移，城市化为废墟，王朝不断更替。可是把握在智者手中，辗转授受下去的真理却永不灭失！凡是真理，即使多少年来被排斥、冷落、责难、讥笑，即使有权力有地位的人都不肯接受，反而制造各种借口和谎言来加以压制和歪曲，可是真理永不灭失！虽然许多人表现出种种蔑视和亵渎，可是真理不会答辩，不去冒犯他人。真理总是以无比沉默交付给时间，就像一座高耸的山峰，经过多少暴风雨的袭击，仍旧昂然屹立。智者所高攀的真理永远不会灭失！真理坚毅地站在那里，永不疲倦地等待一个合适的时代。到那时候，人类就会怀着极大的热情来迎接真理。

真理既然是人生最高目标，人们就应该不顾一切地去追求真理。佛经上有一个故事，说的是在古印度有一片茂密的大森林。林中有千千万万的飞禽走兽，它们一代代地繁衍生息。林中洋溢着和谐与欢乐。有一天，森林中忽然起火，火焰瞬间席卷整个森林，火光冲天，黑烟滚滚。这时候，林中有一只山鸡在火林与河水之间来回不停地飞行，让羽毛沾满河水，再飞回林中，希望以水灭火。可是那么一点点水怎能把猛烈的大火扑灭呢？但是山鸡仍然不知疲倦地往返。帝释天看到这种情景，问道："山鸡呀！你在做什么呢？""我在救这森林里的大火！""算了吧，以你微弱的力量，到什么时候才能把火熄灭呢？""到死为止！"山鸡毫不犹豫地回答。后来，净居天王知道了山鸡的宏誓悲愿，十分钦佩，便把森林中的火扑灭了。释迦牟尼佛认为，山鸡这种知其不可为而为的决心、坚忍不拔的毅力是伟大的。只要以这种"鞠躬尽瘁，死而后已"的精神去追求真理的人，便能成就佛道。你能说佛教的人生态度是悲观消极的吗？

一个追求真理而掌握真理的人，必须有一种无所畏惧、特立独行的精神。不管人家怎样想，不怕人家怎样说，坚守自己的信念，绝不轻易地迎合或接受人家的意见和议论。真理有时掌握在极少数人手里，不要盼望大家都赞同。一般人很少会同意先行者、觉悟者、智者的看法，假如你的意念或看法很有价值，而且你也确信这些属于真理，那么就应该坚持下去，不一定以众人的欢呼为乐事。大众是否赞同，对于你实在无关紧要。倘若只要有人对你提出一点什么理由，你就认为应该放弃自己的信念，就应该照着去做。这样，你的一生恐怕就会一事无成。假使你觉得自己是对的，就不必怕孤立，这孤立正好是对你性格和信念的一种考验。也许一时看来很孤立，但并不会永远孤立。一个意念是真理，总会有许多人在暗中附和这意念，你只要登高一呼，就会看到他们随之而来。释迦牟尼所以能够成为一个伟大的哲人，便是由于他始终忠实于自己的信念。在尼连禅河边，他虽然发现自己孑然独处，也无所畏惧。最后，终于实现了自己的愿望，并且赢得了成千上万信徒的敬仰。

追求真理，不但要有无所畏惧的勇气，还要有脚踏实地的态度。释迦牟尼在祇园精舍曾经给弟子们讲述一个笑话。有一个愚昧无知的商人看见朋友家住的三层楼房富丽堂皇，美轮美奂，心里十分羡慕。暗想道：我辛苦了大半生，所积蓄的财富不会比朋友少，但住的都是平房，我何不也盖一座楼房享福呢？于是，他把想法告诉了朋友，并询问了盖这座楼房的价格。朋友告诉他数目后，他不觉大吃一惊。这个商人是个守财奴，吝啬小气，舍不得花钱又贪图享受。回到家里，苦思冥想了许久，忽然想出来一个好办法，朋友盖的那座房子共有三层，我何不只盖第三层，第一层和第二层可以不盖，这样不就可以省下三分之二的钱来吗？主意打定，就开始寻找建筑工人。可是他找遍了城中所有建筑房屋的营造厂，谁也没有办法只给他盖第三层楼房。商人仍然不觉悟，还责怪别人都是笨蛋。释迦牟尼讲完这个笑话，对弟子们说："诸比丘！你们依我教法修行，不能求快。必须脚踏实地，从戒、定、慧三学修起，不要妄想立即证果成佛，那就会和愚人建三层楼一样，永远不会成功。唯有依次求证的人，才是得法的人。"想要掌握真理，绝不是一朝一夕的事，只有那在崎岖小路上不畏艰险，坚持攀登的人，才有希望登上真理之巅。

人生要过得有意义有价值，就应该珍惜时间，珍惜生命，有专注的目标。心思散乱的人，他的命运就是无聊。对这样的人来说，时间变成漫长、平淡、疲乏的一条线，这就叫累赘的时间。在无聊的人身上，累赘的时间就像是重担一样。对于任何无法忍受等待、迟缓、无聊、独处、挫折的人来说，这种时间令人窒息，每一秒都增加被囚禁的感觉。对于很多人来说，时间只不过是怕死者或厌世者的倒数计时。无聊来自人心的干枯。对于经常分心、浪费时间的人来说，他不能算活得很久，只能算存在很久。所谓的分心，是指无意义的活动，无目标的心中喃喃自语。这些都无法让我们的心得到光明，反而让心在疲惫的混乱中挣扎。

佛教谈到三种懒惰：第一种是把所有时间用在吃饭和睡觉。针对的解法是经常去思索死亡以及万物的无常。我们永远不知道什么时候会死，更不知道什么状况会造成我们的死亡。我们应该得到的结论是：没有任何时间可以浪费，必须尽快面对真正重要的事。第二种懒惰是对自己说，人生绝不可能达到完美，就算努力也没有意义，永远无法达到任何心灵上的成就，这种懒惰让自己灰心，试都不想去试一试。针对的解法是要思索修行所带来内在变化的好处。即使你此生无法企及成佛的境界，但只要试图去做，花一百分的努力，最后也许会有五十分的成效。相反，如果你试都不愿意去试一试，那么连一分成功的机会都没有。第三种是杀伤力最强的，知道人生中什么是真正重要的，但经常拖延不做，反而把生命浪费在次等重要的事业上，永远不去面对最重要的问题，所有时间都花在解决次要问题上。你告诉自己，当完成了这件或那件事情之后，你会开始寻找生命的意义。结果琐碎的问题一个接一个，像湖上的涟漪一样，使你处在一个永无止境的循环中。针对的解法是要认清：唯一能结束一切做不完的事情，就是立刻把它们放开，转向真正给予人生意义的事。人生苦短，如果不断拖延关键事物，吃亏总是自己。我们在人生中剩下多少年，多少小时？时间就像是易碎的珍宝，可以在毫不留意的情况下荒废掉。

2. 如何对待逆境——淡定

在人生的旅途中,不可能事事都那么顺利如意。人们常说"不如意事常八九",人的一生中难免遇到逆境。佛教认为,人生是由无常连贯而成的。无论碰到顺境还是逆境都常有变化。逆境不会一直停留不变。披荆斩棘,必然能开辟出一条坦途。因此,遇到困难的时候,应该勇敢坚强,有信心去冲破难关,不能就此颓丧。失意和颓丧是两回事,虽然两者之间并没有明显的界限,所不同的只是当事人的态度。一个人颓丧时便失去勇气,精神萎靡,结果自然走不出逆境。失意原是很自然的现象,可是从失意转而颓丧,那么人生的仗就打不下去,只得放弃。颓丧全是自己造成的,也只有自暴自弃才会把自己击败,以致一蹶不振。所以,我们应该认清,失意和颓丧是截然不同的心境。失意的人,如果内心不屈服,环境的险阻便无能为力。那么,他必能反败为胜。可是颓丧却是致命伤,它打击勇气,消灭斗志。所以,颓丧不是逆境造成的,而是人对逆境的消极反应所致。

在逆境中最能够看出强者与弱者、伟人与小人物的差别。弱者对逆境表示屈服与投降,强者在逆境中具有继续往前走的内心决断。弱者想逃避恐惧,因而被恐惧所制服;强者则敢于面对恐惧,因而制服恐惧。弱者被生活的不安所慑服,因而丧失生活下去的意志;强者从不丧失活下去的热情,即使他生活在冷漠的包围之中。弱者总是自卑自怜,既蛀食本身的自信心,也使得人家觉得讨厌;强者绝不沉溺于自卑自怜的感情中,因为他忙于依靠自己的力量走出逆境,因此,没有时间再自卑自怜。弱者把每一个机会看成一件难事;强者则把每一件难事看成一显身手的机会,把失意看成是淬炼自己心灵的力量。佛经上有一个故事,说在一个酷热的夏天,两个商人背着货物,要翻过一座山岭,到山的另一边去卖。"唉,以后再也不去那里做生意了。山那么高,假如低一点就好了。"商人甲擦着满头大汗,气喘吁吁地对乙说。"我想的恰巧与你相反。"商人乙笑着答道:"我想,这座山如果能再高几倍就好了。因为这样的话,大多数商人都会畏难而退,那么剩下我一个人就可以多做生意了。"商人甲听了不觉惭愧起来。"不经一番寒彻骨,焉得梅花扑鼻香。"佛教"八正道"有一项就是正精进,认为只有坚忍不拔、努力精进的人,才能走向涅槃之境。人们通常总以为佛教提倡的坚忍是一种消极的态度。事实并不如此,坚忍即坚定不移,在压力之下仍保持不变。这是一种按照积极想法去做的力量。一个人只要日以继夜,积年累月,紧紧把持着一个期望中的目标,就一定能走出陡峭崎岖的逆境。

佛经上说,幸运之神来自功德天,不幸之神来自黑暗天,两个是相伴而游的。功德天的神可以将黑暗天的力量转化成智慧和光,所以两者在一起就有完全的光明产生。正如人的一生,有如意也有失意,有顺境也有逆境,只要能有意志力和阳光心态,就可以把失败的经验当作成功的踏板,用改正过去的错误化作未来成功的条件。一般人都说黑暗过去之后就是光明,黑夜之后必然是晨曦。但佛教的观点却并非如此。佛的法眼中看黑暗本身就是光明。当你认为黑暗之后是光明,那么,此时此刻你正无奈地处于黑暗,等着光明的到来。等待本来就是一种消极的心态,怎么会得到光明的结果呢? 所以身处黑暗,必须仍然像在光明中那样有信心、有干劲,才能化黑暗为光明。每一个成功的人都是在逆境中,蓄足了光明的智慧和力量。

人的一生中难免会遇到灾祸,遭受不幸。昨天还是谈笑风生的亲人,今天却不能开口,明天就要从此消失。一辈子呕心沥血、省吃俭用下来的财产,突然招来一场意外的火灾,一瞬间就化为灰烬。对这些灾祸与不幸,我们应该怎么办呢? 大多数人在灾难降临的时候,总会哭泣、哀伤、呼号、捶胸,以致内心狂乱、痛不欲生。但也有许多人却是例外,他们能在大祸临头的时候镇定自若。古时候,有一个人坐船去江西,过鄱阳湖时遇上暴风雨,船将要沉没了。船上的人惊慌失措,痛哭呼号。他却不动如常。有人问他:"难道不怕死吗?"他说:"怕有什么用? 我不过讨取临死前暂时一点安宁而已。"遇事能做进一步观是很重要的。进一步观也就是透过一层想一想。就拿船上那些痛哭呼号、神经紧张的人来说,是因为惧怕翻船,伤害自身。但是如能进一步想:这种痛哭呼号、神经紧张,究竟对船的安全有什么帮助呢? 这条船会因他们痛哭呼号而安全吗? 透过眼前一层,进一步想一想,就可能哑然失笑,知道这是毫无用处的。进一步观是智慧的作用。佛教就是主张用这种智慧去战胜许多无谓的烦恼。

　　佛经上有一个故事说,印度舍卫国有一个富翁,晚年得子,爱如性命。可是好景不长,不幸的事突然降临到这对老夫妇的头上。他们的宝贝儿子在上树采花时不幸摔了下来,四脚朝天,一命呜呼了。这突来的横祸使他们痛哭欲绝,看了无不使人流下同情的眼泪。这时候,刚好释迦牟尼佛经过他们住的村庄,知道后就安慰他们:"人生在世,有生就有死,有盛就有衰,这是谁也奈何不得的。你孩子的生是因缘的结合,他的死是因缘的分散而已。这正如旅途上的人,总是来去无定的。你们不要过分悲伤。"老夫妇仍然不能从悲伤中解脱出来,于是释氏答应把孩子救活。老夫妇高兴地跪倒在地上叩头。可是释迦牟尼说道:"要救活他必须到没有死过人的家里去点三炷香来。"为了死去的儿子能够活过来,老夫妇就分头去找。可是,世间哪有一家没有死过人的呢? 最后他们虽然没有如愿以偿,却觉悟到世事无常,世上不存在没有不幸的人,于是也就不再悲伤了。世上何处没有不幸? 我们不能被不幸所左右,仅仅悲伤已经足够,倘若受制于悲伤,就会更加悲伤。不论怎样悲伤,还得照样活下去,而不幸是不会永远跟随的。因此,我们在遇到灾祸和不幸的时候,不应该冲动、焦虑或者被悲哀所吞没。应该冷静沉着、心平气和,要有"泰山崩于前而面不改色"的心境。对于灾祸,你可以加以思索,也可以空空忧虑。忧虑是思索的毒化，就像有些音乐，老是在同样的旋律中转圈子，既不转向高潮，也不完全结束。只有思索能够穿越不幸，了然灾祸的来龙去脉、前因后果，弄清真相，决定应付的办法。可是，忧虑却把你留在无能为力的状态下，阻遏一个人的生气和活力。你忧虑的时候，不断地在同一个地方转着，从你出发的地方走了开去，又走了回来。因此，忧虑于事无补，而思索可以从这一处进步到另一处，把我们带出不幸的阴影，快快乐乐地过日子。

一个人在逆境和灾祸面前不被击倒，必须有乐观的心态。因为乐观者不会轻易放弃任何事，他心中怀有成功的希望，更能够坚持，比悲观者更容易成功。尤其在条件不利的情况下。悲观者倾向碰到逆境就退缩，接受失败，或者暂时转向可以让自己分心的事。但那无法解决问题。悲观者很少表现出决心，因为他们怀疑一切，怀疑所有人，事先预估到一切失败，而无法看到事情有转变、发展、开花结果的潜能。他们从每一种新事物看到的只是威胁，随时都在等待灾难。乐观者总认为自己的困难是暂时的、可控制的，并且与特定状况相关。悲观者则总认为自己的困难是长久的。现今有太多人缺乏安全感，这和悲观主义关系甚密。悲观者在不断地预估灾难，然后变成慢性紧张和怀疑一切论的受害者。悲观者心情经常灰暗、易怒、紧张。他对世界没有信心，对自己也没有信心，总是认为会被别人占便宜、唾弃、忽略。对于乐观者来说，失去希望是没有意义的，他们认为自己永远可以做得更好，不会因为事情不如意而崩溃、麻木或愤怒。乐观者认为损伤的幅度永远可以被控制，而不会放弃一切。他们永远会找到合适的解决方法，不会因一时失败而不断自怜。乐观者会将目前状态当作起点，而不会浪费时间，叹息过去的错误，抱怨现在的问题。他们永远愿意从头开始，而不是让事情就此结束。乐观者了解必须朝着最佳方向持续努力才会成功，而不是犹豫不决或停留在原地不动。他们永远会用每一秒钟来增进、欣赏、实践以及享受自己的内在幸福，而不会浪费时间，叹息过去，恐惧未来。

一位智慧长者谆谆告诫前来投诉的学生："当你在生活中遭遇困境或忧烦的时候,记住,去登高望远,或去眺望大海。"在日常生活中,总觉得自己需要更多的自由,更多的肯定。可是当我们远望之时,视野开阔,心情豁然开朗,对平日的种种需求便暂时不那么强烈了。这是因为平时少了了解心,没有真正了解人生的目的,登高望远是在提升源源不断的存在本质。我们要学会静静地看人生,慢慢地回头,那些往事总有一些温暖的迷惘。即使结局已是一个确定的答案,但我们的心仍然徘徊在其中,有时甚至不能自拔。人生总有遗憾,所以难免会有无奈、有悔恨,如果总是沉醉其中,那么生活将会是一种灾难而毫无乐趣可言。任何一个拥有内在祥和的人,不会因成功而自我膨胀,也不会因为失败而气馁,反而能够在一种广大而深邃的宁静中全然经验着。因为他知道,经验只是暂时的,执著也无用。这样,在面对逆境、事情变得棘手时,也不会感到重挫,或者陷入忧郁,因为他的乐观是奠定在坚固的基础上。

3. 如何对待错误——忏悔

我们每一个人都难免会犯错误。可是,人们不一定能够看到自己所犯的错误。古人说:圣人大过,贤人小过,小人无过。道德高尚的人苛求自己的言行,到达完美的境界,因此总是认为自己有很多的过错。他们能够深切反省,勇于改过,于是就会日益进步。道德低劣的人则是严以责人,宽以责己,总认为自己的言行没有过失,毫无错误,更谈不上改进了。他们被指出过错时,非但不能改正,反而变本加厉。佛经上有一个故事说的就是这种人。有一个脾气非常暴躁易怒的人,有一天听到门外有人谈论道:"住在里面的那个人虽然各方面都还不错,但就是过于暴躁易怒。"那个人一听到这话,立刻从屋里冲出来,向议论他的人扑过去拳打脚踢,把人家打得遍体鳞伤。老子也说过:"大白若辱,盛德若不足。"真正清白的人不自以为清白,反而觉得有耻辱似的。真正道德高尚的人不自以为高尚,反而觉得自己德性不足。一个人对待自身错误的态度,正是反映了他人格修养所达到的程度。

佛教认为,只有三业清净才能完全不犯错误,而只有摆脱生死、超凡入圣的佛才能达到这样的境界。我们是凡人,不到佛果,不可能绝对清净,不可能绝对不犯错误。有了错误不要紧,"过失犯非恶,能追悔为善,为明照世间,如日无云绕。""有罪而知非,有过而改善,罪将消灭,而后必得道。"佛教徒首先要反观自己的错误,然后观察它们带来长期的破坏性结果。当我们清楚看见自己的错误时,也就看得见脱离它的可能性。而你的觉悟力愈高,愈能看见自己的错误。从佛教的观点来看,没有一样错误不能被改变,改变是永远可能的。所以在佛教戒律中,除了重罪之外,均有忏悔的方法。《六祖坛经》说:"忏者,忏其前愆,从前所有恶业、愚迷、憍诳、嫉妒等罪,悉皆尽忏,永不复起,是名为忏;悔者,悔其后过,从今以后,所有恶业、愚迷、憍诳、嫉妒等罪,今已觉悟,悉皆永断,更不复作,是名为悔;故称忏悔。""忏"即梵文"忏摩",意谓知过改过。佛教认为,如果犯了错而能生起忏悔心,就有得救的动力。因为忏悔像法水一样,可以洗净我们的罪业;忏悔像船筏一样,可以载运我们到解脱的涅槃彼岸;忏悔像药草一样,可以医治我们的烦恼百病;忏悔像明灯一样,可以照破我们的无明黑暗;忏悔像城墙一样,可以摄护我们的身心六根;忏悔像桥梁一样,可以导引我们通往成佛之道;忏悔像璎珞一样,可以庄严我们的菩提道果。忏悔是我们生活里时刻不可或缺的美德。忏悔是祛恶向善的方法,是净化身心的力量。因此,在日常的衣食住行中,能够修持忏悔的心情,就能得到恬淡快乐,洒脱自在。

忏悔的方法,依各经所载,有多种分类。根据《释禅波罗蜜》,忏悔的方法有三种:(一)作法忏,依戒而设。出家众守持戒律,如犯戒成罪(即遮罪),都必须行"作法忏",也就是向僧团忏悔,才能灭除。(二)取相忏,依

减心减念
有佛的智慧人生

定而设。即在佛菩萨像前，发露过去所造恶业，然后自责于心，礼拜佛菩萨，以求见到瑞相。如此，妄想、烦恼消失，身心入于静定之中。（三）无生忏，依慧而设。可忏除最重的性罪和罪根。即了解到业性本空，罪业是虚妄的，无有生处，又何用忏悔？因此经由无生之理的体会，自然达到忏悔的目的。

最普遍的忏悔方法是"发露"，即犯罪错之后，以情节轻重，分别向众人、三数人、一人乃至自对良心，吐露所犯的罪错，恳切悔过，决志不复再犯。否则，这一罪恶的阴影势将永藏心底，也就成为日后感受报应的种子。忏悔之后，这一罪恶所感的种子也就随即消失或减轻。不过，忏悔的目的是在自净其心不复再犯，如果常常犯罪，常常忏悔，又常常再犯，那么忏悔便会失去应有的功用了。佛教的忏悔不同于天主教的祈求上帝赦罪。佛教不相信有任何神祇能够赦免人们的罪错，佛教的忏悔是在洗刷染污了的心，使之恢复清净。

还有一种忏悔制度就是布萨。"布萨"也是梵文音译，意思是净化自心。布萨的举行，一方面是为信众受持佛教戒律，使他们住于清净之戒行，过着清心寡欲的生活；另一方面比丘念诵佛教戒律，一一对照，严格检查自己是否有违背戒律的地方。若发现有则要当众坦白，当众忏悔，当众检讨，从而收到使僧众能自新、僧团能纯洁、佛法能在世间长住不坏的效果。布萨是每一位僧尼都必须参加的。而且，按规定在布萨开始前，与会者若已发觉自己犯戒，则必须先依戒律当众忏悔。

佛教认为，如果一切戒，只有犯法而没有悔法，那么任何一个人，也就没有学佛成佛的可能了。一个人如果犯了错误，他可以抱这样三种态度：第一种态度是决心不再犯错误，这固然好。可是却不实际，因为这不可能做到。第二种态度是因为犯过错误，从此觉得自己矮上半截，见不得人；或者自暴自弃，破罐子破摔，在错误的道路上越滑越远。这都是错误的做法。第三种态度是让犯过的错误作为一种教训，一种经验，下次再碰到同样的情况，就学会了如何应付，如何避免重犯错误。这样就能够在人生的道路上趋向成熟。佛经上记载：有一次，释迦牟尼佛住在瞻波城恒伽池边，正好当地僧团里有一位比丘犯了过错，违背了佛教戒律，被其他比丘发觉了，于是大家起来指责他。可是，那位犯错的比丘面对大家的指责，要么找借口搪塞，要么就是环顾左右而言他，不愿意承认自己的错误。不但如此，而且还对责问的比丘怒目相向。释迦牟尼知道了，就告诉大家说："比丘们，将这个人驱离！为什么要忍受这位异类对大家的伤害呢？比丘们，当他的真面目还没被发觉时，大家会认为他是个好比丘。然而，一旦大家发觉他是僧团中的败类时，就应当赶他离开。为什么应当赶他离开呢？是为了不要让其他真正的好比丘被他污染的缘故。"一个人犯错并不可怕，可怕的是犯错后不愿当众忏悔。就像故事中被驱离的比丘，并不是因为犯戒而被赶走，恰恰是因为不愿意公开坦承自己的错误，逃避当众忏悔，才被赶了出来。对于已犯过的错误，不该忘记的只是从中得出的经验教训，而不是事实本身。倘若对于过去的事付出太多的注意，懊悔不已，念念不忘当时应该如何就好了，这就如同驾驶汽车时总是望着反射镜看车后路面一样，会因此忽略了前方的道路。莎士比亚说过："已经过去的只是一个序幕！"不论我们犯过什么错误，唯一重要的是前头的人生道路。

减心减念

有佛的智慧人生

第九章

佛教的人生修养

1. 宽心

在现代社会里，呈现在人们眼前的事物林林总总，千奇百怪；生活的情境就是竞争、功利和快速变迁。于是心灵很难逃脱紧张、焦虑、忧郁、嫉妒、沮丧等负面情绪，显露在外就表现为粗暴、蛮横、乖张的言行，俗话就叫发脾气。尤其当一个人情绪失控的时候，就会像天气的变化一样，喜怒无常，时而癫狂蛮横，时而惊慌失措，时而懈怠低落，做事举棋不定，前后不一，让人捉摸不定。这些负面情绪构成了你的牢笼，既损害身心健康，又无法专注清醒地思考和工作，还会让人觉得很难和你相处。情绪是立身处世的障碍。容易情绪化的人，亦即有脾气的人不容易被信任，不容易成功立业。有人说过：有才能没脾气的是上等人；有才能有脾气的是中等人；没才能有脾气的是下等人。因此，控制好自己的情绪，找回心灵的主宰，做自己的主人，乃是人生修养的要义。

人们的情绪是受外界环境影响而引起的。古人云："青山原不老，遇雪白头；绿水本无波，因风皱面。"山水指自性而言，雪风指外境而言。青山白头，绿水皱面乃是自性受外境影响而改变其本来面目。我们无法去改变影响个人情绪的外界环境，但能控制和调节自己本身的心理活动。这就是禅宗所说的夺人不夺境。《本生心地观经》上说："心清净故，世界清净；心杂秽故，世界杂秽。"拾得和尚说："无瞋是持戒，心净是出家，我性与汝合，一切法无差。"表达的都是这个意思。控制情绪，不是要切除掉所有属于人性的情绪，而是要得到一个宽广而平静的心，令这个心不再成为外界环境的玩物,不再被挫折所动摇,不再被成功所陶醉,确实地觉悟:生气于事无补,嫉妒毫无意义,焦虑只是伤害,沮丧更是愚蠢。一个人只有心量宽广,才能不被情绪主宰。如果一大把盐掉到一杯水里,这杯水就没法喝了;但如果是掉到一个湖里,几乎就看不出差别。许多人因为心胸狭窄,所以总是毫无理由地受苦。只因为得不到自己想要的,同时也不愿面对不想要的,他们就会情绪失控。一个人只有心灵安宁,才能保持头脑清醒。在清醒中的人不会以消极态度损害自己。当自我觉醒的时候,负面情绪就会被摧毁。

当我们有强烈的情绪时,可分为四个阶段来逐步平息情绪,避免自己情绪失控。

第一步是辨识,大部分人当负面情绪生起时会迅速隐藏,因而它们永远留于黑暗中,迟早会爆发出来。因此,我们要从一开始就辨识出一个潜在的情绪,把它引到表面上。例如,有人冒犯你,你就应该知道自己内心有没有愤怒。遇到一个似乎比你更幸运的朋友,你就应该知道自己内心有没有嫉妒。得不到某些想要的东西,你就应该知道自己内心有没有感觉沮丧。

第二步是接纳,仅仅能够辨识出一种情绪是不够的,我们必须懂得如何让这种情绪得到解脱,也就是要消除它在心中的任何痕迹,让它不再被隐藏起来。不然,它非常容易产生连锁反应。例如,一个"不喜欢"的念头可以转化成敌意,再成为愤怒,最后会完全占据你的内心,直到最后非要用行为和言语来对他人做出负面的事,而同时自己的内在平静也被毁灭。骄傲、嫉妒、恐惧以及其他都是这样的。要让潜在的负面情绪得到解脱,你就不要否认它、回避它,要接受情绪存在的现实。

第三步是拥抱,以正念拥抱自己的情绪,而不是放纵自己的情绪冲动。如此才能让自己的情绪平静下来。例如,对于烦恼,知道是一种心理的紊乱或亢奋,可以使人乱性,消沉痛苦,精神焦虑,会干扰思想,影响生活态度,破坏人际关系。烦恼是从贪婪、执著、傲慢和自卑中延伸来的。诸多烦恼中以贪婪为核心。贪婪能演化为一切烦恼,所以嗜欲越深,烦恼就越重。对于恐惧,知道和执著密切相关。如果对金钱很执著,就会对没有足够的金钱很担忧;如果对自己的形象很执著,就会害怕在公众场合出丑。虽然执著使我们恐惧,但解决问题的方法不是放弃金钱和名誉,而是放下执著。当我们放下执著时,那种不能拥有的担忧自然就会消逝。对于因压力引起的焦虑和沮丧,知道压力形成是因为不能接受事实:我们希望事情不是这样,希望自己和别人不一样。然而,现实与自己希望的不同,于是就会焦虑和沮丧。与其如此,还不如接受现实,以平常心对待,就不会影响你的情绪。对于怨恨,知道这种负面情绪必是针对某人某事而发,有时对环境不满就会怨天尤人。怨恨只会使自己痛苦,消耗心灵的力量,最好是把它逐出去。对于愤怒,知道心灵的平静是快乐的源泉。无论多么强大的敌人都不能击破我们心灵的平静,因为平静是无形的,只有自己的愤怒才能够把它毁灭。因此,真正破坏我们快乐的就是愤怒。当我们看法错误时,我们的情绪也受影响。改变你的想法,情绪就会跟着变化。

最后是洞见,关键不只是在辨识出自己的意念和情绪,更是要让它们消融,在心的宽广空间中消失。最重要的就是不要专注在情绪的内容上,也不要专注在引发这些情绪的原因上,而是要追踪这些情绪的根源。情绪的源头在于你的起心动念。你可以追踪自己的念头,就像一只小狗追踪落在它面前的石头一样,一个接一个。这其实也是人们大部分时间在做的事情。当一个念头起来,我们就被它带走。第一个念头引出第二个,再引出第三个,然后引向一个永无止境的念头链,这只会让我们的心一直在混乱状态中。我们应该像一头狮子,人们只能对狮子丢一次石头,因为它会立即冲向丢石头的人,扑到他身上。这第二种比喻所描述的,就是要转向念头的根源,研究念头在心中生起的机能。当你想看到这一机能的时候，就不会追逐意念的流动，不会延长过去的念头，就会停在那里，停在当下的感受之中，不受任何妄念的束缚。一个湖如果一直有波，它的水就永远是朦胧的。但如果水波平息了，泥巴沉到湖底，水又恢复了清澈。同样，当妄念平息下来，心越来越清晰，这时就比较容易发觉它真正的本性。当你了解到念头只不过是内心意识的显现，念头就无法再束缚你的心。慢慢地，你会进步，可以在那种觉性中更持久。此时，念头的形成就会与消失一样快，像是用手指头在水上画画一样。当新的念头生起的那一刹那，它们就会自我释放，不再干扰和主宰我们的情绪。透过认识心的本性，可以稳定地控制情绪。如果我们有能力来控制自己的心，人类之间大部分的冲突就可以解决。如果没有办法控制自己的心，这些冲突就无可避免。

2. 宽容

如何与你周围的人相处，是一门很大的学问。俗话说："世事洞明皆学问，人情练达即文章。"佛教认为，只要通达缘起的道理，就能知道如何与人相处。所谓缘起的道理，就是说："若此有则彼有；若此生则彼生；若此无则彼无；若此灭则彼灭。"所有现象都是相互依存的，所有人也都是相互依存的，人并非只靠自己的力量便能生存。这就像一棵壮健的种子，假如缺乏土壤和水分，就不能萌芽。每个人必须借各种人的因缘，才能展开多姿多彩的人生。有人类的彼此合作，才能形成这个世界。如果人类无法有效地沟通交往，文明就会受到威胁。人生既然是由相依关系造成的，人与人便当互相尊重；若想得到他人的尊重，必须先以真诚的心和满腔的爱去对待他人。人与人之间相处融洽的秘诀，就在于相互体谅。假如我们都能考虑到他人的快乐、幸福、舒适和感受，那么我们言行一定不会发生摩擦和争吵，自然而然地会帮助他人、同情他人、容忍他人、尊敬他人。

这些品德就如同润滑剂,可以使我们和周围的人接触非常顺利。一个人如能把人与人的关系处理得很成功,就能够在生活中如鱼得水,享受到人生的欢乐。

人生既然是由相依关系造成的,我们服务众生,为众生奉献,实际上也是为自己服务了。因此,我们应该以"服务众生"的本性去生活。你不必企图为人做什么。假如你帮助他人是一种意识上的努力,那就太勉强了。不但对他人无益,对自己也不好。你首先须做到内心充实。这样,你再也不会为如何助人而操心。你不是做某些事去助人,而是因内在光明的人格,使人自然而然地信赖,成为他人精神上的寄托。你也许曾经遇到过这样的人,他的内在力量给你深刻的印象。这样的人没有一副假装正经的面具,自然发出安详的光辉。不必伪装,也不必企图给人好印象,他可以赤心待人,因为他不想从他人那里得到任何好处。他使人感觉亲切,而同时有超然之感。超然的爱没有希求,没有要求报答之心。超然并不是对人漠不关心,而是喜悦地接受他人的现状,不要求别人做任何改变作为爱的代价。它是无条件的慈悲,只有给予,不求回报。

假如你要与周围的人们融洽相处,必须慢慢培养两种气质。第一种气质是善于听人诉说。第二种气质是想象力,也就是通常所说的要善解人意,能够设身处地为他人着想,以便发现对方的想法如何,感受如何?尽量了解对方的个性和好恶,他所生长扎根的土壤,以及塑造他性格的习俗、信仰和观念。谅解对方的弱点,顾及对方的自尊心。和别人来往时,最大的错误是以为别人正如他表面上所表现的那么成熟、讲道理和体贴。我们看不到别人藏在表面底下的心理,把别人理想化了。当别人经常笑哈哈的时候,我们就以为他个性爽朗,也许他实际上只是机械地笑而已。当别人显得很果断的态度,我们以为他是可靠的,实际上可能是别人对自己内心不安所做的掩饰而已。要知道每人都有内心的痛苦和矛盾,只是不显露在表面而已。有时你可看到别人经由愤怒、挖苦或责备他人发泄内心的压力。因此设身处地可以帮助我们了解别人,对别人做正确的判断,因而改善和别人的关系。所以不要假想别人是你希望的那种人,让别人逐渐去表露他真实的个性。假如你肯这样下工夫,则原先和我们属于两种截然不同类型的人,也可以与之建立起彼此谅解的良好关系。

和周围的人相处,自己的言行举止要合乎节度。如果一不小心,在言语和行为上冒犯和伤害了对方,就会引起对方的不快,损及彼此的感情。我们立身处世在这个社会上,最容易犯的毛病就是自视太高,看不起别人,认为自己最了不起,别人都不算什么。这种想法是十分浅陋的。假如你能怀着一种谦虚的精神去接近每一个初次见面的新朋友,你会不断惊讶地看到他们都有新的想法,新的经验,新的人格。这不一定是指世上的名人,生活在社会各阶层、各种不同背景下的人莫不如此。每个人活在世上都有他的价值,没有一个人是没有用的。社会是由群体造成的,大家互相帮助,各自贡献自己的力量,社会才会进步。比如盖房子,虽然需要栋梁,但也不可忽视小小的螺丝钉。没有螺丝钉,房子就造不起来。佛教主张以平等心对待众生。众生都是平等的,都具有佛性。在佛教史上,不但没有宗教迫害和异端裁判,相反各宗各派都有绝对的自由发言权,都可以随便发表自己的意见,还可以批评其他宗派的主张,甚至可以"呵佛骂祖",说佛是"干屎橛","佛之一学,我不喜闻"。这种平等的精神是何等彻底,何等豪放!这在其他任何宗教是不能想象的。上帝的话对也好,错也好,教徒只许全部接受。但佛法则不然,佛教徒对释迦牟尼的话可接受可不接受。《妙法莲华经》上记载:在释迦牟尼讲上乘难懂的佛法时,竟有五千听众自以为已经得到解脱了,不愿听讲,离席而去。释迦牟尼佛没有发怒、追究或责罚,而是说:"他们机缘还没成熟,与其听了不相信引起反感,增加罪业,还不如让他们离开更好。"这是何等的宽容、平等和民主。

有些人似乎难以相处,当你遇到这种人时,不要把他当做愚笨、残忍、粗暴、卑鄙的人,应当把他看做受惊的人。几乎所有的人,只要心里有所恐惧就会显出粗暴等阴暗面的个性，这是一般人消除紧张的方法。假如你了解了这一点，你就不会以负面的态度对待他了。他不会使你生气或厌恶，你在情绪上不受他的影响，因此你才能够温和恰当地对待他，把积极的力量传给他。你温和的态度会在他的心里留下印象。起初他也许不能了解，但能体会到你是他的朋友。不久，你们的关系就会大有改进。如果别人伤害了我们，也不要立刻予以反击，应该冷静地探究其中的原因。也许他是不小心，也许是我们的错。凡事应该反求诸己，不要和别人起对立心，应以宽恕、忍让、仁慈来对待他人。这样人与人之间的相处，才能和谐、愉快。容忍与耐心不是软弱的象征，反而是一种力量的表现。容忍和耐心并不代表你接受任何结果。容忍是不发怒，不怀恨。但若被伤害而仍卑躬屈膝，他人就会得寸进尺，对我们采取更恶劣的举动。因此一定要有效而不发怒地来对应。事实上，耐心会使我们选择正确的行动，不因愤怒或渴望报仇而变得盲目，那样做只会剥夺我们的判断力。真正的宽容既不是屈服，也不是不在乎，而是伴随着勇气、心的力量和智慧，让我们避免不必要的心理痛苦，同时阻止我们掉入恶意之中。

人世间为什么会有那么多的扰攘纷争呢？人与人之间为什么常常不能和平相处？其根本原因在于人们自私好争，斤斤计较，互不相让，于是才造成剑拔弩张的紧张气氛。人与人之间的龃龉甚于毒蛇猛兽的侵袭，给人类带来莫大的不幸。

人与人之间些许的误会，也能滋长蔓延成无法抗拒的灾祸。人类有自私的一面，有些人品性恶劣，喜欢把自己的欢乐建筑在别人的痛苦之上，为了自己的利益而伤害别人。假如别人欲思报复，于是你争我夺，使整个人间鸡犬不宁，乌烟瘴气。因此《法句经》说，在这世上，绝不能以怨恨止息怨恨，唯独无怨恨才可止息怨恨。这是永恒不变的真理。佛经上记载，释迦牟尼在世时曾经救治提婆达多。这个提婆达多曾经背叛和暗算过释迦牟尼，但释氏不记其怨而救之，以慈使其乐，以悲拔其苦，以其病愈而喜,不分冤亲而平等救治。这就是佛陀大慈、大悲、大喜、大舍的四无量心。我们即使做不到释迦牟尼那样以德报怨,但至少不可以怨报怨。否则冤冤相报,何时了结?如果生生世世在恩怨的旋涡里翻滚,必然两败俱伤。就像蜜蜂刺人一样,它身上的那根刺拔出来后,自己的生命也就完了。冤家可解不可结,假如瞋妒怨结,执意报复,对己对人都将有百害而无一利。这是愚昧无知的表现,假如对方继续作恶,也要相信恶人必有恶报,将来必自食其果。佛经上说:"恶人害贤者,犹仰天而唾,唾不至天,还从己堕。逆风扬尘,尘不至彼,还坌己身。贤者不可毁,祸必灭己。"释迦牟尼曾经说过,对愤怒的人,以愤怒还击是一件不应该的事。对愤怒的人,不以愤怒还击的人将可得到两个胜利——知道他人的愤怒,而以正念镇静自己,不但能胜于自己,也能胜于他人。我们应该以宽广的胸怀,去宽恕他人的过错,放下过去的仇恨,缓和对立的紧张气氛,创造一个宽容、宽厚和宽松的人际关系。

和你周围的人相处,如果说要与每个人都成为朋友,那就等于一个朋友也没有。因为友谊是对某一个特定人物的情感,你对这个人的情感是与其他任何人截然不同的。朋友是极美、极亲切、极接近的关系,如带一点点做作或功利,那就损毁了这种关系。交朋友必须有所选择,这是非常重要的。

孔子说过,与善人交,如入芝兰之室,久而自芳也;与恶人交,如入鲍鱼之肆,久而自臭也。这是说交友必须慎重。佛经上也有类似的说法。有一天,释迦牟尼和难陀经过一个街市,在一个鱼摊前停下来。释氏对难陀说:"你过去用手摸一下铺在烂鱼上面的茅草。"难陀照着做了。他问道:"难陀,你闻一下手上有什么气味?"难陀说:"腥臭难闻。"释迦牟尼说:"若人亲近恶知识,交恶友,虽然时间短暂,也会因恶业染习而恶名远扬。"他们又走到一家香烛店前,释氏说:"难陀,你去店里乞化一个香囊来,然后嗅闻你的手,看有什么味道?"难陀照着他的话去做了,笑着说道:"释尊,我的手上香气微妙。""难陀,若人亲近善知识,习染其德,就可以贤名远扬。"对于交友一定要知道他的品行。佛经上说:"友有四品,不可不知!有友如花,有友如秤,有友如山,有友如地。"什么叫"有友如花"?花好时插头,枯萎时就会抛弃。有一种朋友,你富贵时他就来依附,你贫贱时就会被他抛弃,这就叫"花友"。什么叫"有友如秤"?你高贵时,他就低头;你落难时,他就骄傲,这就叫"秤友"。什么叫"有友如山"?比如鸟兽聚于金山上,羽毛皆蒙光泽。自己富贵也能使人光荣,所谓富贵与共,这就叫"山友"。什么叫"有友如地"?百谷财富一切分之于友,施给养护,恩厚不薄,这就叫"地友"。真正的朋友一定要把你的事情看得和他自己的一样重要,无论何时何地,只要你遭遇麻烦和磨难,你能确信他一定会帮助、劝慰你,献出他的赤诚。一旦你听到他需要帮助,也会挺身而出,欣然前往,这样才配称为朋友。所以无论是男是女,能够达到这一境界者,不过少数几个而已。

3. 放下

人生最宝贵的是智慧。所谓智慧,乃是由灵性所流露出来的一种领悟力。有了这种领悟力,则世间的万事万物在你面前就会条条分明,清清楚楚。智慧和聪明不同。聪明只是有较高的智商,毕竟不如智慧之圆满与深沉。我们不会形容释迦牟尼、孔子、老子、苏格拉底是"聪明人",而是称他们为"具有智慧的人"。智慧和天才也不同,天才是指某方面有天赋而言,如天才音乐家、天才数学家。固然圣贤多具天才,但天才并不等于圣贤,因为圣贤的智慧不偏于某一方面。智慧有大有小,小智慧只能解决日常生活中的小问题,大智慧才能解决人生根本的大问题。佛法的智慧,是让现象世界的本质清晰,让心的本质清晰。这是一种最高的智慧。

吾师南怀瑾先生经常用三句话概括人生的一般规律:自欺,欺人,被人欺。大多数人一辈子都活得很辛苦,这是无知的结果,对万事万物执迷不悟。有智慧的人就不同,大凡古今圣贤都是能看得穿,想得透,忍得住,放得下的人。因此,当他们居高位、掌大权、享受厚禄时,能善用其声望、权力、地位和财富,担天下之重任,救烝民于倒悬之中。若不幸而时不我予,小人道长,他们也能"遁世无闷,不见知而不悔",优游林下,了其余生。一个人能功成名就固然不易,要放得下就更难做到。现代医学研究证明,婴儿在早期发育的某个阶段,要抓起和握住东西都没有什么困难,但要张开手放掉握住的东西可就难了。如能做得到放得下,在儿童的发育过程中就进了一大步。其实,成年人何尝不是如此? 抓东西,我们学得很快,只要手够得着的东西,无论是金钱、荣誉、地位,还是爱情,就拼命抓住不放,但如何撒手放下,就学得很慢。可见能不能放得下,乃是人生修养的一个标志。只要名利地位放得下,富贵荣华放得下,安危祸福放得下,一个人就能始终保持心境的恬然安适。

如何做到放得下? 一言以蔽之,在于智慧!《世说新语》上有一则故事,说晋朝时巨鹿人孟敏去市集上买水缸。当他挑着水缸走了十多里路快到家时,不小心把缸砸碎了。破缸落到地上,他头也不回地继续往前走。恰好被大名士郭林宗看见了,就问他:"砸碎了水缸不可惜吗? 你为什么会毫无反应地只管走路。"孟敏回答道:"既然缸已打破了,再回头去看又有什么用处?"于是,郭林宗认为他的修养已达极致。从理性分析的角度看,水缸已破,看也无用的道理当然十分简单,但要使这样简单的道理进入人的潜意识,使放得下成为不用思索、纯乎自然的行为方式,又谈何容易? 使孟敏达到此一境界的,显然不是知识,而是智慧。有了智慧,既不会自欺,也不会欺人,当然更不会被人欺。金钱、权势、名望、地位等种种身外之物都能获得最佳运用,而不致因其生烦恼。而且,在取舍之间能有明智的决定,当必须放下时也不会黯然神伤。

智慧是灵性的作用,有了灵性,若不加以运用,依然不会有智慧。因此,智慧是要靠开发的。开发一分的灵性,才可以有一分的智慧,才能够懂得一分的道理;开发十分的灵性,才可以有十分的智慧,才能够懂得十分的道理。如何开发你的智慧,让内在的灵性迸发出智慧之光?佛法认为,只有一个办法,那就是"空",超越所有的思想观念,去直接体验事物的本来面貌。绝大部分人都深信知识是重要的。我们只赞美饱学,却很少注意饱学之后,更需要清醒和自由思想。古人所谓"尽信书不如无书",指的就是迷信书本会障碍清醒的思考。在现代社会里,大抵都倾向于向外追求的学习。现代教育过分强调记忆知识,而疏忽内在的修炼,即智慧的开发。于是,许多人有知识,却没有智慧。读了几个博士、硕士学位,一遇到危机或难题就束手无策。佛教认为,智慧不能生起的原因在于心中有了障碍,犹如视野被阻挡,看不清前景一样;或像道路被堵塞,无法通行一样。阻碍灵性最大的是"所知障",即被那些已经习惯的知识、观念或思维方式阻碍。人们被习惯性的思想所束缚,就总是以刻板、狭隘的角度去看问题。其实,基于某种思想状态下所产生的问题,通常不可能在同一思想状态下获得解决,犹如我们不可能用自己的双手把自己的身体举起来。我们必须摆脱习惯性的思想束缚,跳出某些环境下所形成的思想樊笼。许多人听到要丢弃习惯性的思想往往就会急躁不安,总觉得不可能有更好的办法。事实上,的确有更好的办法,这就是不用思想,而凭藉自身灵性的领悟力,也就是智慧的力量,去克服危机和解决难题。这并不是逃避问题,而是改用一种新的观察方法,一种比较超然的态度。所有习惯性的思想不再挡住你的出路,也不再绊住你的脚,一下子就抓住问题的本质。这才是一劳永逸的万灵丹,对不同问题都有同样的神效。

为此,你必须随时保持心灵的安宁。这一片安宁就是智慧花朵的温床。在每天的事务中,再没有比心灵的声音更悦耳了。由于不再徘徊在思想迷阵里,许多无用的念头就逐渐削弱。错误的思绪就好比一扇巨大的风轮,卷起阵阵强烈的风暴,摧毁了你的灵性。但如果你不推动这扇风轮,那么它就会缓慢下来,它所挟持的毁灭性也就逐渐消失。古代禅师说:"性静情逸,心动神疲,守真志满,逐物意移。""对五欲八风,不被见闻觉知所缚,不被诸境所惑,自然具足神通妙用,是解脱人。对一切境心无静乱,不摄不散,透一切声色,无有滞碍,名为道人。但不被一切善恶垢净有为世间福慧拘系,即名为佛福慧。"就是说,要把心理活动控制到不为内外一切事物所左右的程度,但又并非空荡荡一无所有,而是定于一境,不杂他念。也就是《遗教经》上说的,"制心一处,无事不办",只要你的心灵能够保持安宁,制心一处,智慧之光绝对会生起。

4. 远静淡虚

爱美之心,人皆有之。然而,审美趣味则反映了一个人的修养。许多暴发户眼中的美,就是竭尽炫耀财富之能事,身上要穿金戴银,房子要雕梁画栋,女人要浓妆艳抹。这种暴发户的审美趣味甚至影响到整个社会,中国许多城市建筑都是俗不可耐的。于是有人就反其道而行之,提倡禅宗美学。可是大部分人并不真的知道何为禅之美,以为种几株竹子,放几块石头,摆上一套日式茶具就是禅了。那么究竟什么是禅之美? 其实禅之美,就是自然之美,就是回复自然的本来之美。

远静淡虚是禅宗艺术追求的审美理想。在禅宗影响下的音乐、书法、园林、盆景、绘画等艺术都追求这种远、静、淡、虚的意境。远山、幽谷、萧村、野渡、白云、暮雪、寒江、秋月、孤松,几乎是画家的永恒主题。例如,唐代王墨常画山水松石杂树。五代关全以描绘秋山寒林见长,他因创造了"灞桥风雪中,三峡闻猿时"的意境而知名,号称"关家山水"。北宋李成的《寒村平野》表现"气象萧疏,烟村平远"的意境。范宽的《临流独坐》描绘深郁的山坳间腾起弥漫浮动的云雾,吞吐变灭,给人以忘身万山之中的感觉。元代四大画家中黄公望的《富春山居》、《天池石壁》平静、幽深;吴镇的《秋江渔隐》空灵飘逸；倪瓒的《渔庄秋霁》、《江岸望山》、《雅宜山斋》天真幽淡。王蒙的画恬淡自然，多画秋山草堂、夏日山居。因为自然景物"其格清淡，其理幽奥"，最适于表现空寂寥落、清淡深远的意境。于是山水画逐渐取代人物画、风俗画的地位，成为中国画的主流。而朦胧恬淡的水墨山水更是成为山水画的主流。南宋画家在表现手法上，一般都习惯用青、白、淡绿、浅绛等浅淡的色彩来取得静谧的审美效果，以距离的深度来强调大自然的肃穆庄严、深不可测。同时，许多画家还用无人之境来表现静寂幽深的情趣。如黄公望的《富春山居》，苍林点缀，偶见两山间小桥横空，溪边茅屋藏露其中，却无一点人间气象。倪瓒的《秋亭嘉树图》也创造了一种"结庐人境无车辙"的意境。因为喧嚣的人类会扰乱静谧的自然，所以只有无人之境才能表现静寂幽深的气氛。南宋画家的山水画里经常留下大片的空白。例如，南宋马远的《寒江独钓》，一叶扁舟漂浮在水上，四周是一片空白。不着一笔，却有力地描写了江面的空旷渺漠。这片空白有强烈的暗示作用，可以刺激观赏者的想象力。倘若观赏者走进画面，也坐在这一叶扁舟上眺望江面，那片虚空的空白一定会变得真实起来。这就是《心经》上说的"色即是空，空即是色"。空白之处虽似空无一物，但绝非空无所有，万事万物皆由虚空而来。六祖惠能所言"虚空能含日月星辰，大地山河"，在绘画里得到了充分体现。可见南宋画派的大师们无不具有禅宗精神，他们的作品无不是禅境的示现。禅宗艺术就这样把喧嚣的尘世提升到了虚无缥缈的空灵境界。禅宗追求的远静淡虚，说到底就是自然之美。

禅宗艺术风格注重简练。在禅宗看来，佛性是无法用语言文字色彩去描述的。所以"不立文字"的禅宗到了非用文字不可的时候，也仍尽力使之简练。因为只有简到极点才能留出大量空间，让人们去沉思冥想，去发掘更多的韵外之致。绘画也是如此，倘若巨细不遗，一览无余，观赏者的悟性也就被束缚住了，不可能产生那种妙不可言的艺术魅力，不可能

"心越神飞",让自己的心灵在想象的世界里自由地驰骋。因此,禅宗画家大多讲究笔法简练,形象草率,一挥而就,努力以精简来表现生命力的丰富多彩。《宣和画谱》评论关全的绘画"其脱落豪楮,笔愈简而气愈壮,景愈少而意愈长也"。阮元在《石渠随笔》中评论倪瓒的绘画"枯树一二株,短屋一二楹,写入纸幅",却远比那些仔细描摹的画更耐人寻味,更富有萧疏淡远之韵。清人程正揆的《青溪遗稿》说:"论文字者谓增一分见不如增一分识,识愈高而文愈淡,予谓画亦然,多一笔不如少一笔,意高则笔减,何也?意在笔先,不到处皆笔。繁皴浓染,刻划形似,生气漓矣。"

现代大画家齐白石在60岁以前画虾主要学明清古人。62岁在画案上的水碗中养长臂虾,细心观察写生。66岁,虾由过去十只减为八只,68岁减为六只,70岁以后只画五只。80岁以后才真正到了炉火纯青的地步,把虾的次要部分删除,夸张重要特征,创造了水墨虾更突出的形似。他自己说:"作画妙在似与不似之间,予画虾数十年始得其神。"齐白石不断淘炼画虾的笔墨,一边删减烦琐的细节,一边增富他所体会的生态神韵,以最简洁表现最丰富。这种简淡的画风与言简意赅的禅宗偈语可谓同出一源。一幅简淡的小景,何异于一首自况的短偈,它们都是流露禅心智能的方式。

禅宗的美感经验也别出心裁,主张通过"悟"去把握"空"的美妙。"悟"是一种特殊的思维活动,它具有直觉性,凭借对具体形象的直接观照去感受"空"的妙谛。它又具有一定的理解,但这不是严密的逻辑思维,而是一种富于想象和幻想的心理活动。"悟"具有偶然性和随意性,只要某种偶然契机的触发,即可突然妙悟。一"悟"之后则"万法皆空",一草一木一石一水皆能显示出虚空之美,此时便能信手拈来,头头是道。可以说,"悟"是一种非理性的直觉体验,但也不是一般所说的直觉。紫陌禅师说:"天地可谓大矣,而不能置于虚空之外;虚空可谓无尽矣,而不能置于吾心之外。故曰:以心观物,物无大小。"

这种非理性的直觉体验是一种最高的体验,最真实的体验,因而也是最美的体验。在禅宗看来,每个人内心的悟性是审美活动中的决定性因素。因为一切事物的差别都是起于心理感受的不同。即所谓"境本非善,但以顺己之情,便名为善,境本非恶,但以违己之情,便名为恶。故知妍丑随情,境无定体"。有人面对山川溪石,林木葱茏,却只感到山是石头的,水是流动的,溪水比河水清,石头比豆腐硬。有人则能从败墙上看出山幽水寒,从朽木里看出龙飞凤舞,美并没有一个客观的标准,差别即在于悟性的高下。因此,要表现虚空寂静的真如佛性,不一定要描摹庄严的佛像,只要能把自己内心那种领悟了虚空妙谛之后的禅悦痛快淋漓地表现出来即可。世间诸相都足以解脱苦海中的波澜,雨竹风花皆可以显现虚空寂静的禅境,木石花鸟、山云海月尽是禅家对照净境、了悟妙法的机缘。

心灵与宇宙不二,两者之间的调和形成一种广大的象征;以心胸表现山水,以山水表现心境。在禅宗艺术里,山水景物是自我观照过程的物化,是内心清净悟性的外化。因而最重要的既不是形似,也不是神似,而是理趣,是气韵,是本心的自然流露。作画时不能受画法的束缚,而要笔忘手,手忘心,忘得干干净净,凭下意识随手挥出,不加雕饰。唐代张璪绘画自称"外师造化,中得心源"。他作画常常手握双管,一时齐下,随意纵横,应手间出。后人评论其画:"非画也,真道也,当有其事,已遗去机巧,意冥玄化,而物在灵府,不在耳目。"王墨善水墨山水,作画每在酒酣之后,即以墨泼,脚蹙手抹,或浓或淡,随其形状,为山为石,为云为水,应手随意,倏若造化,俯观不见其墨污。尤其是他作画时或笑或吟,状类疯癫,完全是一派禅僧气象。及至北宋,这种随意挥洒的泼墨画已成文人时尚,称为"墨戏"。明末李日华则以为:"绘事不必求奇,不必循格,要在胸中实有吐出,便是矣。""点墨落纸,大非细事,必须胸中廓然无物,然后烟云秀色,与天地生生之气自然凑泊。"清初的石涛和尚更直截了当地说:"至人无法,非无法也,无法而法,乃为至法。""不可画鉴,不可沉泥,不可牵连,不可脱节，不可无理，在于墨海中立定精神，笔锋下决出生活，尺幅上换去毛骨，混沌里放出光明。纵使笔不笔，墨不墨，画不画，自有我在！"在禅宗艺术家看来，绘画不过是为了寄性写情，直抒胸臆，因此不但忽略了物形之描摹，而且可以突破时空界限，求得"梵我合一"、事事无碍的无上境界。王维曾作《袁安卧雪》，有雪中芭蕉。又作花卉，不问四时，以桃、杏、芙蓉、莲花同入一幅。后人评论其"意在尘外，怪生笔端"，"得心应手，意到便成，故造理入神，回得天机，此难与俗人论也"。在禅宗艺术里，明明看不见的看见了，明明听不见的听见了，明明不可能在一起的矛盾的事物在一起了。因为这一切都是不重要的，只有"心"、"意"是唯一的主宰。

禅宗的审美价值以"逸"为最高境界，"画之逸格，最难其俦，拙矩规于方圆，鄙精研于彩绘，笔简形具，得之自然，莫可楷模，出于意表，故目之曰逸格矣"。这种独特的审美范畴影响到人们艺术欣赏的方式也必须随之变化。观赏者也必须有参禅的工夫，在直觉体验、沉思冥想中与创作者沟通心灵，即所谓"先观其气，次观其神，而画笔次之"，"先观天真，后观笔墨，相对忘笔墨之迹，方为得趣"，只有这样才能感受更多的"弦外之音"、"象外之象"、"韵外之致"。禅宗那些笔意疏放、意境萧疏的水墨山水画包罗了多层次的内容。把心灵中空寂的感受深深地隐藏在意象的背后，让观赏者去一层层地领悟。这时，观赏者的审美活动不是被动的，他不但在追溯艺术家构思时的内心体验，而且还能不断补充进自己的感受与想象。一般艺术品给人的美感经验是一次完成的，但禅宗艺术品则把人们的审美活动过程推向无限。每一次观赏都会产生新的联想，带来新的美感。因此，没有禅宗精神，纵使面对名画杰作，也无法欣赏，无法理解。

第十章
佛教的生活方式

1. 减心减念

佛教提倡的生活方式,就是清心寡欲,简朴人生。清心寡欲,不是让你什么欲望都没有,什么东西都不需要,因为这根本做不到。我们必须了解个人的"需要"和"想要"之间的区别。"需要"指的是我们生活必需的东西,"想要"指的是那些满足我们心理欲望的额外之物。现代社会的人一般总是设想:增加消费,就会增加快乐。我们受制于消费,变得没有了自己的立场、自己的主见,只有靠覆盖上一层物质和名声的假面具来装饰自己。我们过分追求虚名,穿衣服要名牌货而不管是否符合自己的个性;考大学要选择名校而不注重专业;找工作要找名气大的公司而不考虑自己的发展前途。有的人还患上势利眼的毛病,对不如自己的人就轻慢,把头扬得高高的,用白眼看人;而对名人,对权贵大亨就满脸堆笑,舌头生花,极尽奉承巴结之能事。这样的人还自以为活得高人一等,实际上很可怜。赵州禅师有句名言"吃茶去",无论你有没有到过赵州,无论你是达官贵人,还是平民百姓,来到禅师面前,一律都吃茶去! 这里面包藏着一个了不起的禅机。可是我们却不能以这样一种平等心和平常心来为人处世。因此,欲望越多,我们就活得越痛苦。佛教认为,我们的幸福无法以金钱购买,教我们从追逐名利的激烈竞争中退出,不受过多物质的污染。

简朴不是贫穷。有些人常把简朴人生误解为就是贫穷、粗俗、不求美观、不讲卫生等现象。其实,简朴是可以远离这些现象的。简朴人生是一种外在虽单纯、内在却很富足的生活方式。没有人愿意贫穷，可是简朴是自我寻求得来的。贫穷使人衰弱，简朴却能够产生力量。贫穷使人卑贱，使人志气消沉；理智地追求简朴，却能令人身心圆满，进而升华心灵。所谓简朴人生，涵盖了内在心态与外在境遇。它表示要让生活变得单纯，让生活有目的，内心真挚；避免外界的扰攘，舍弃那些与生活目标毫不相干的"拥有"。它意味着在某些方面要自我抑制，把一些无聊的杂乱事务减少到最低程度，来换取生活其他方面的充沛和富足。它意味着在与他人交往时，抛弃那些不必要的繁文缛节，使彼此的关系显得更直率、明朗和真诚。

简朴人生，是一种为达到一个目标而殚精竭虑地安排自己的生活方式。当然，人们各有不同的生活方式，你喜欢的生活方式，也许完全不适合另一个人。因此，简朴人生的内容方式也是因人而异，存乎各人一心。但简朴人生的精义则是相同的，就是强调要活得和谐、融洽，更有内容，更有目的，更有意义。

简朴人生就是要在平常日子中找到生活的意义。禅宗无门关说道："春有百花秋有月，夏有凉风冬有雪，若无闲事挂心头，便是人间好时节。"平平淡淡的句子，表达的也是再自然不过的事实，可是连在一起，竟然有一种无与伦比的美。真实的美，力量就是如此之大。每个人的生活本来都应该是轻松愉快、潇洒自在的，但大多数人没这种生活感受；相反，不是觉得生活苦闷，就是觉得压力很大。一年四季本来是花红柳绿，然而好多人生活的态度是灰色的。长期以来，我们忘了看雪，遗落了许多闲适的心情，失去了许多凝眸玄想的乐趣。那真是生活的一种缺失。我们只有越来越珍惜每一天的生活，用心来爱这个世界，才能够在平常日子中找到生活的意义。对于生活的爱，是每个人应该具备的。只有这样，心才会始终保持灵性，不致麻木，生活中的每一天才会是美好的、幸福的。生活中并不是缺少美，而是我们的眼睛缺少了发现，如果拥有一双善于发现的眼睛,从平平淡淡的生活里,发现很多关于生命存在的美丽,那么人间无时不是好时节! 人间的好时节来自我们的心,来自我们当下的生活。就拿看云来说吧! 当我们看云的时候,专注的神采里往往有广大的平和。那也是我们脸上表情最舒缓的时候。随着云朵的幻化飘移,无论在山巅,在海滨,在辽阔的草原,在狭窄的阳台,在陋巷的沟边,或在囚室高不可攀的小窗下,我们会自然而然地从人间种种难以清理的纠葛中游离出来。许多执著的、无法释怀的怨憎伤痛,也都在此时淡了,远了,松了,舒展了,抚平了,消失了。我们的心情,或宁静,或高远,或悠闲,或天真,既不悲也不喜,既不高涨也不低落。少年时代纯洁清朗的特质仿佛又重临,在一张凝视云影的脸上,我们看不见紧皱的眉头,狰狞的目光;找不到冷漠的表情,谄媚的神色。所有这些现实世界的丑陋和虚伪,似乎都在我们读云的一瞬间被遗忘了。

如何才能转变我们的生活方式呢? 佛教认为,关键是要转变我们的内心,让我们的心停止对外在事物境遇的攀缘。有个故事说,有一个人乘船渡江时,看到流水浩荡,气象非凡,很是欣赏。但不久刮来一阵狂风,惊涛骇浪掀起一叶小舟,起伏不定。他骇得惊慌失措,再也没心思来欣赏江景。这阵风过后,又是一片美丽的江上风光。他想起自己刚才的恐惧,而摇船的船夫却若无其事,便问:"你不怕大浪吗?""怕什么? 不就是水嘛!"波涛也罢,静水也罢,都是水啊! 欢欣和苦恼都是生活。迷惑于那些外在的东西,就不会认识到生活的本相。红尘万丈里,心随外界事物起伏,就不会有机会来省视自己。哪里还有心思来发现生活中的美呢? 当然欣赏不到春的百花、夏的凉风、秋的好月、冬的飞雪。菩提本无树,庸人自扰之。对于名利毁誉这些问题只要一执著,马上就会陷入烦恼中去。为什么呢? 因为心不是由自己来做主,而是跟着那些外在的东西一起沉浮。清心寡欲,简朴人生,就是要由自己来选择生活方式,不再跟着虚荣心走,不再跟着时尚舆论走,过自然自觉的生活。

2. 佛教的养身之道

长寿是人生追求的目标之一。所谓长寿,也就是让有限的生命延长。古今中外曾经有许多人探究过长寿的秘诀,但是真正能长生不老的人并不多。相反,那些置生死于度外的佛教们却往往得到长寿。近人郭元兴引用《历代名人生卒年表》中所附《高僧生卒年表》,连他补充的,共571人作统计:

100 岁以上 12 人	2.1％
90 岁以上 42 人	3.76％
80 岁以上 142 人	28.4％
70 岁以上 361 人	63.7％
65 岁以上 433 人	75.8％

这 571 人前后活动时间为公元 233 至 1884 年,历时 1 652 年,生活地区遍布全国各地。作者指出,这些高僧所以长寿,绝不是由于生活优裕,或自然条件特殊。他从三方面进行了比较:首先是古代帝王之家,他们虽然穷极人间富贵,但和上述高僧生活在同一时期的一百九十四个帝王中:

80 岁以上 5 人	2.577％
70 岁以上 11 人	5.67％
65 岁以上 19 人	9.794％

可见长寿高僧所占百分比与长寿帝王相较要超过十倍以上。况且,这 11 个活到 70 岁以上的帝王也全部都是佛教徒。其次,从生活高度富裕舒适的西方工业国家来看,65 岁以上的人口占总人口的百分比:

原东德	15.6％
瑞　典	13.9％
原西德	13.4％
法　国	13.4％
挪　威	13.0％
日　本	7.90％

比起中国高僧所占 75.8％，相差仍甚远。第三，世界著名的长寿地区，如阿塞拜疆，百岁以上的人占人口总数的比例是 6.3‰，厄瓜多尔的比尔卡地区为 11‰，而古代中国高僧中百岁以上的却为 21‰，大大超过当今世界上最长寿的地区。佛教高僧生活淡泊艰苦，反而能够如此长寿，其中的秘密究竟在哪里呢？

　　佛教僧人出家无家，四海为家，没有家室之累。生活由信徒供给，无衣、食、病、恋之忧，"少忧、少烦、少希望住"，"无挂碍故，无有恐怖"。生活既有保障，又不放逸；既安定，又有规律，悠游林泉，清心寡欲。这固然是长寿的部分原因，但佛教徒安享遐龄的原因还远不至此。《大婆娑论》上说："若有于寿，恒作、恒转、寿作、受转、时行、出行；修梵行，食所宜，食应量，生者应熟，熟者弃之，于宜非宜能审观察；服医药，用医言；避灾祸；远凶嬉。由此等故，寿不中夭。"这段话的意思是说：长寿之道在于经常做些必要的运动和劳动；出门旅行要选择适当的时间、路线和目的地；要断除不当的淫欲，控制性生活；饮食要适宜，适量，避免过生过熟，要认真注意饮食卫生；有病要服医生之药，照医生的话去做；要避开灾害，厄难之事，要远离有危险的娱乐活动。应该说，佛教的戒律中正是贯彻了这些原则，因此绝大多数虔诚奉行戒律的僧俗信徒基本上都能"了其天年而不中夭"。

　　释迦牟尼创立佛教时，虽然提倡勤励身心，防止放逸的精神，要求弟子们必须事必躬亲，自己动手，不能依赖他人，颐指气使。但同时又规定他们不能从事生产，必须乞食活命。在中国，自禅宗创立以后就完全改变了这项制度。唐代禅师马祖道一开始在寺庙里进行农业生产。其弟子百丈怀海进而制定《百丈清规》和"普请(勤)法",提出"一日不作,一日不食"的要求,把佛法修行与生产劳动结合起来了。《百丈清规》一出,不久即风靡全国。后来"农禅并重"也就逐渐成了中国佛教的一种传统。这种经常性的生产劳动也为佛教僧人的长寿带来了好处。

佛教在家信徒虽不能完全像僧人那样生活,但也不混同于普通人的生活方式。按照佛经上的规定,在家的佛徒要于每年的正月、五月、九月这三个月,另外于全年每月的六个斋日受持八戒,亦称"八关斋戒"。这八戒中和生活有关的是素食(不杀生)、过午不食、不饮酒、不淫四戒。每个月六斋日的安排基本上和现在的七天一周相同,不过以夏历为推算的标准,即第一个周末素食并少吃一顿饭(持斋),第二个周末连续两天持斋,第三个周末又是一天,第四个周末(月底)又连续两天。一个人常年都能如此平均五日一小修,四个月一大修。这个"修"不是放任自流、懒散纵欲的"休息",而是净化、调整全部身心的"修炼"。以素食、节食、禁酒、净身、清心、断欲、凝神、静思为要求,对于保持身心健康必然会有很大益处。如果能够年年如此,终生不懈,自然可以延年益寿。

不但佛教徒的生活方式有益于健康长寿,他们还在长期的生活实践中总结出一套促进身心健康的经验。这就是佛教的"调五事",即调食、调睡、调身、调息和调心。

第一是调食,在食物的选择上,那些对健康有害的东西绝对不能食用。如不能食烟,不能食用葱、韭、蒜及动物血、内脏等秽浊和容易腐烂的东西;少食油炸等坚硬粗涩不易消化的食品;不食油腻、霉变和不新鲜的食品;宜选用蔬菜、豆制品等新鲜、干净、清淡的食物。其次是食用适量,不能过饱或过饥。过饱则气急身满,血脉不通,心胸闭塞,行坐不安。过饥则身羸心悬,意虑不固,营养不良,招引疾病。还有就是注意食时。一日两稀一干,即早晚吃粥,中午吃饭,晚上要少吃。一日三餐要定时定量。

三餐以外，只可稍饮清水止渴，任何零食不得沾口。

调睡是指睡眠卫生。人们一天工作之后，必然感到身体疲倦困乏。应该熟睡晏息，恢复精力体力。但是睡眠过多，不但浪费时间，虚度年华，也会使精神萎靡不振。调睡，一方面是指调睡时，常人睡眠每晚七八个小时，应逐渐减少至五六个小时。另一方面，是指调睡法，睡前要宽身舒气，收敛心念，静坐两小时左右，然后右胁在下侧卧，徐徐入睡，心虑明静，神气清白。黎明前二小时起身，于床上静坐。

调身是使身体于行、立、坐、卧都合乎标准。调行包括行走和行动两个方面。行走时，头、颈、肩、背、腰、尻诸部应端直，支柱全身，不倾不斜，不俯不仰，两臂下垂，随身摆动。两眼从鼻下注，两足平稳着地。此外，在日常生活和工作中，要经常活动身体，身体运动要协调得体，姿势稳重而又轻捷。调立是指站立时要直如松，不前俯后仰，不左歪右斜。调坐，一是指平常坐时要使四肢和整个身体各安其部位，不失威仪，不致紧张。二是指静坐方法。

调息是指控制和调节呼吸。呼吸是生命的所依，一息不来，便了此一生。调息得宜，可以去病增健，延年益寿，体舒心旷。调息包括调鼻息和调气息。调鼻息即除讲话、饮食外，应常闭口，以舌抵牙根上腭，使气息出入，徐徐由鼻而颈而胸。气息分为四相：息于鼻中出入觉有声音叫风相，息出入时觉有滞法不甚畅通叫喘相，息有粗重的感觉称气相。正常的呼吸应该是出入绵绵，似有似无，若存若亡，乃至胸腹实，心旷神怡，这才叫息相。如觉有风、喘、气三种相，可先闭口徐徐吸清气，从足踵至丹田，至头顶；再开口观想将浊气全部吐出。这样换气三至七遍，即可调粗入细。从现代科学角度看，静坐调息会使氧气压上升，一氧化氮的压力下降，精神就会因此大爽。这恰如服用了清醒剂以后的状态，可以使脑电波异常活跃。

调心是指控制与调节人们的心理活动，把心理活动控制到不为外界一切事物所左右的程度。密宗则认为思想或心理要受生理的限制,因此两者是不能截然分开的。如果忽略了生理的作用,可能会减低修持的效果。因此,密宗主张修习生理,也就是注重锻炼身体,通过气、脉、明点的修持,延年益寿,积蓄修炼的资粮。

佛教的调五事是我国佛教徒在实践中摸索出来的养身之道,其中包含了许多科学合理的因素,对促进健康长寿不无益处。

生、老、病、死是人生的四大苦难,而"应病与药"一向是佛教对人类病痛的救济方针。佛教"五明"就包括了"医方明"。在佛经中有许多关于治疗疾病的医书。据《开元释教录》所载,从汉末至魏晋南北朝,共译出佛经1 621部,4 180卷,其中有许多涉及医学的内容。如《大宝积经》中就有论产科的一章。《维摩诘经》中说"四大"所造之身是一切病灾的根源。在"律"和"论"部著作中也常涉及人体解剖和医疗方法。另据《隋书·经籍志》所载,当时被译成汉语的佛教医书有《龙树菩萨药方》、《龙树菩萨养性方》、《西域诸仙所说药方》、《婆罗门诸仙药方》、《释僧医针灸经》等十一种。可惜这些医书后来在战乱中全部散失。现在收录在《大藏经》里的佛教医书还有二十一部,如《佛说婆罗门避死经》、《佛说佛医经》、《佛说胞胎经》、《佛说佛治身经》、《佛说小儿经》、《迦叶仙人说医女人经》、《佛说救疗小儿疾病经》等。宋代以后,虽然大规模的译经事业已经结束,但仍有一些医书被陆续译出,如《耆婆脉论》、《龙树眼论》、《耆婆五脏论》等。这些佛教医书包括了一些病理和治疗方法,涉及印度古代医学"八科"的全部内容:拔除医方,即拔除异物,敷裹绷带等外科;利器方,即使用器械医治头部五官等病;身病医方,即现代内科;鬼病医方,实际是治疗各种精神病;小儿方,即胎儿、幼童、产妇的治疗方法;解毒方法;长寿药科;强精药科。

佛教医学认为,人的身体是"四大"构成的,"地水火风阴阳气候,以成人身八尺之体"。因此，一切疾病的根源也就在于"四大"不调。他们把所有的病症归纳成四百零四种，每一大有一百零一种病症。对不同的病症应该用不同的方法治疗，"事需识其相类，善以治之。"并且进而指出："身禀四大，性各不同，因以治之，症候非一，冷热风损，疾生不同。"同样的疾病发生在不同人的身上症候程度都会有所不同。所以要辨症施治，不能照搬套用同样的治疗方法。随着印度佛教医书的传入，佛教医学理论对中医理论产生了一定的影响。如唐朝孙思邈《千金方》说："凡四气合德，四神安和，一气不调，百一病生，四神同作，四百四病，同时俱发。"这就是佛教病理学说影响中医理论的佐证。因此，近人陈邦贤著《中国医学史》认为，我国的医学，自秦以后，两晋至隋都混入道家的学说。到了唐宋的时候，医学之学说为之一变。考唐宋医学的变迁，实基于印度佛教的东渐。佛教医学不但在理论上，而且在医疗实践方面也影响了中医。孙思邈的《千金方》汲取了耆婆、龙树的药方，从耆婆著作中吸收过来的方剂就有十多种，包括耆婆万病丸、耆婆治恶病方、耆婆汤、耆婆大士补益长生不老方等，这些方剂对急救特别有效。佛教医学治疗疾病的方法也经常被中国医生运用。据传，龙树菩萨善治眼病，他的眼科著作《龙树眼论》对我国眼科学的发展颇多影响。他在这部书分析眼疾的原因是"过食五辛，多啖炙热面腻之食，饮酒过度，房事无节，极目远视，数看日月，频生心火，夜读细字，月下观书等"，其中指出的许多原因在今天看来仍是很有道理的。我国古代用金针治疗眼疾的方法，又称拨下法，就是得自印度僧人。唐代诗人刘禹锡还专门写过一首诗《赠眼医婆罗门僧》："三秋伤望眼，终日哭途穷，两目今先暗，中年似老翁。看来渐成碧，羞日不禁风，师有金针术，如何为发蒙。"可见当时士大夫对印度僧人医术的推崇。

对于精神性疾病，现代医学尚不能完全掌握其发病原因，自然也就做不到对症治疗。相反，佛教用念咒诵经治病的神秘主义方法，有时却能产生一些意想不到的效果。现代医学所用的心理疗法，如自律训练和松弛法、内观法就是传承了佛教禅法的技巧。

另外，对一些现代医学尚未攻克的绝症，如癌症等，佛教也有一定的医治作用。日本学者曾经对癌症患者做过一个统计，发现精神状态好的患者一般能活得较长，焦急突变的情绪只会使病情加剧。现代医学研究表明，人体内的细胞无时无刻不在分裂。在这个过程中，由于遗传因子程序设计关系，任何人的体内都会存在一两个异样细胞。这些异样细胞受到其他正常细胞的排斥攻击乃至杀死，人因此而维护了自己的健康。这就是人体的自我防卫功能。但是这种杀死异样细胞的力量有可能丧失，于是异样细胞就会趁机蔓延开来，结果出现病症或令病情恶化。大多数医学家认为，这种连续杀死异样细胞的力量来自患者本身的一种恢复力，或一种复生的"念想"。佛教信仰可以使患者对死抱着从容的态度，就不致由于情绪的诱因而使癌症恶化。相反，当他们抱着"活下去"的信念，顽强地与疾病搏斗，就能提供一种杀死癌细胞的强烈生命力，结果反而会活得相当久。即使死也会很安详，因为承认自己非死不可，而能够把自己安乐地送到另一个世界的唯有宗教。

3. 信佛一定要出家吃素吗

很多对佛教不甚了解的人以为，信佛的最后归宿就是要出家。出家确实是掌握自己生命的一种方法。长久以来，我们像木偶一样被我执心、名利心，以及永无休止追求享乐的习惯所操纵。出家就是厌恶这种被摆布的感觉，让我们能够从循环往复的喜乐悲伤的过山车上走下来。在这过程中，我们并没有厌世，并没有排斥生命的意义，只是把生活中的一切简化而已。人们最细微的惰性，就是明知道人生什么最重要，偏偏要去做一万件琐碎的小事，一件接一件，像水中的波纹一样，停不下来。梭罗说："人生就是被消耗在细节里，要简化、再简化。"出家就是将自己一切言行单纯化,去除一切多余。出家人是立志要把自己的人生奉献给普度众生的事业。然而,在心灵修行的道路上,一开始要有一段时间从这个世界中隐退。这就像一只受伤的鹿,需要寻找一个宁静的地方来疗伤。这些伤都是来自自己的无知。如果没有准备好就想帮助众生,就好像麦田还在秧苗状态中就忙于收割,或者像一个失聪音乐家演奏自己都听不见的美丽旋律。如果要有能力帮助众生,你所教导的就应该是你所实行的。修行道路上的初学者可能会有很强烈的欲望去帮助别人,但通常都没有足够的心灵成熟度去应付。因此,出家人需要有一段时间脱离世俗生活,专修佛法,为自度度人积蓄资粮。选择出家代表一个人的心完全转向心灵修行。但人们不一定要出家,在放弃世俗生活和过一般人的生活之间,还有其他的各种可能性。一个人不一定要放弃他所做的事,佛法还是可以充满他的心,带给他人生的方向。一个人可以有非常丰富的心灵生活,虽然一天只花上一两个小时修行。相反,如果一个人的心并没有转向心灵修行,即使披上袈裟,但依然放不下我执心、名利心,形式上出了家,但只是贪图接受供养,也许罪业的果报更大,则反而不如不出家。

在印度原始佛教时期,佛教徒受比丘戒满五年后就可以离开师父,自己单独修道,游行各地,随意居住,有时在屋檐、走廊、树下、旷野、荒冢,铺上一领随身携带的坐具,盘足趺跏,便心安理得地度此旦暮了。佛陀规定沙弥戒的第十条,是不捉持生像金银宝物,也称"银钱戒"。佛教认为,人类对财富的占有欲和财富对人类的束缚性是万恶之源,要修行成佛就应当摈弃财富。但俗人不能没有银钱,否则难以维持生活,故在家居士八戒里不制这一条。出家僧尼赖信徒布施为生,可以做到不蓄积财富,故"银钱戒"为出家戒的第一特色。不过,在事实上僧尼也很难实行这条戒规,故在佛教内部曾为此发生过尖锐分歧。制定戒律的释迦牟尼本人生前也曾作了修正,有准许僧尼接受财物的开例,但仍有比丘不得亲手捉持金银宝物等禁约。此时还创设了一种说净法,即比丘收受银钱必须另请一位俗人为净主，说是为净主代收。不过，中国佛教从来不重视"银钱戒"，相反还聚敛财富，形成了实力雄厚的佛教寺院经济。如南朝时，"长沙寺僧业富沃，铸黄金为龙，数千两，埋土中，历相传付，称为下方黄铁"。又如，唐代和尚圆观"好治生"，获田园之利，时谓之"空门猗顿"也。故当时有"十分天下之财，而佛有其七八"之说。至于中国寺院创立"长生库"、"无尽藏"、放债生息更是与原始佛教戒律背道而驰的，由此而产生了后来专以作佛事敛财的应门僧。历史上多次帝王发动灭佛运动，导火线也往往是寺院经济的过分膨胀。

如今很多在家出家信徒都把烧香拜佛当做信佛的主要内容。其实，在印度原始佛教时期，佛陀否认存在创造宇宙和主宰一切的神，反对婆罗门教的祭祀和神祇崇拜。佛教徒皆依据佛陀的言教和他制定的戒律来指导自己的宗教实践，靠自身的修持与思维证悟来获得解脱，并不需要建立佛像来顶礼膜拜。只是在大乘佛教兴起后，才主张通过对佛像的礼拜来体认自己的宗教感情。因为传入中国的主要是大乘佛教，所以中国佛教一开始就十分重视礼拜佛像。其实，最初发愿是指信徒依据佛法而发出一种自度度他的誓愿。在一生中，甚至生生世世都依照这个誓愿去奉行。后来逐渐演变成在烧香拜佛时许愿还愿、祈福禳灾、求子、求财、求官和祈求长命百岁。引发这种发愿的内容已经不再是要求在内心产生佛教的精神力量，更多的是对佛教做出某些实际的允诺以为功德。

在唐代怀海禅师制定的《禅门规式》中，曾大胆改革寺院建制，在禅居中不设立佛殿，而只开辟供僧众修行的"法堂"，表现出禅宗反对偶像崇拜，把外在信仰彻底转变为内在修持的独特风格。这一规式几经修订后在禅林中得到广泛推广，成为中国禅宗的基本制度。然而，后来的禅林抛弃了这个好传统。尤其到了现代社会，许多禅宗道场越来越讲究形式，寺庙一座比一座宏伟华丽。看看那些巍峨的建筑以及越塑越大的佛像，徒然浪费金钱。主张减少欲望的佛寺不幸沦为欲望膨胀的地方。人们如何能在这种地方找到心灵的安宁？

许多人以为，信佛就一定要吃素。其实，吃素的习惯，在释迦牟尼创立佛教时是没有的。按照佛教原有的戒律，是禁杀生而不断食肉的。印度佛教徒托钵乞食，只能人家施舍什么就吃什么，对食物的荤素没有选择的余地。佛教传入中国之初，我国佛教徒对食品也没有严格的规定。佛教《十诵律》有这样的说法："我听食三种净肉，何等三？不见、不闻、不疑。"也就是说，对于自己没有亲眼看见、亲耳听到和没怀疑是特地为出家人而杀生的三种净肉，佛教徒都可食用。后来南朝的梁武帝萧衍根据《涅槃经》等佛经中的说法，论证断禁食肉的必要性和重要性，认为食肉就是杀生，是违背"不杀生"戒条的。于是，他颁令禁止僧人食肉。

从此以后，我国僧人就不再食肉，养成了一年到头只吃蔬菜瓜果的饮食习惯。当然，素食有益于健康，有助于长寿，这是已经为近代医学研究所证明的。但是，信佛则并不一定要素食。

减心减念

有佛的智慧人生

后　记

二十九年前,我在香港出版了《佛教的现代启示》,在大陆出版了《中国佛教文化论稿》和《佛教和人生》。后来去国远游,生活漂泊不定,无法再系统研究佛学。几年前才有缘随南怀瑾老师学佛静修,时有心得。

有感于当今时代物欲横流,人们精神空虚,社会渴望从佛教中获取修身养性的精神食粮。然无论僧俗,佛教中人或有抱残守缺者,或有迷信无知者,或有妄语敛财者,却很少有人能顺因时代潮流,以佛法解答种种社会人生问题。故笔者发心撰写一册适应现代人需要的佛学著作。此书写成后,曾请南怀瑾师审阅,请其定夺有无出版价值。不料,怀师竟然一字一句地批阅订正,耗费了不少心血,令我深为感动。同修李慈雄先生等也提供了不少修改意见和资料,在此深表感谢。

本书吸收和引用了许多前人和同行的研究成果。因为本书不是学术著作,而只是普及读物,故不一一标识,在此一并致谢!

魏承思

2014 年 9 月 3 日

图书在版编目(CIP)数据

减心减念:有佛的智慧人生/魏承思著.—上海:
上海人民出版社,2014
ISBN 978 - 7 - 208 - 12728 - 9

Ⅰ.①减… Ⅱ.①魏… Ⅲ.①佛教-人生哲学-通俗
读物 Ⅳ.①B948 - 49

中国版本图书馆 CIP 数据核字(2014)第 301238 号

出 品 人　邵　敏
责任编辑　邵　敏　崔　琛
封面装帧　荆棘设计

世纪文睿出品

减心减念:有佛的智慧人生
魏承思　著

出　　版　世纪出版集团 上海人民出版社
　　　　　(200001　上海福建中路 193 号　www.shsjwr.com)
出　　品　世纪出版股份有限公司上海世纪文睿文化传播分公司
发　　行　世纪出版股份有限公司发行中心
印　　刷　上海市北印刷(集团)有限公司
开　　本　720×1000 1/16
印　　张　11
插　　页　2
字　　数　145 000
版　　次　2015 年 4 月第 1 版
印　　次　2015 年 4 月第 1 次印刷
I S B N　978 - 7 - 208 - 12728 - 9/B·1100
定　　价　32.00 元